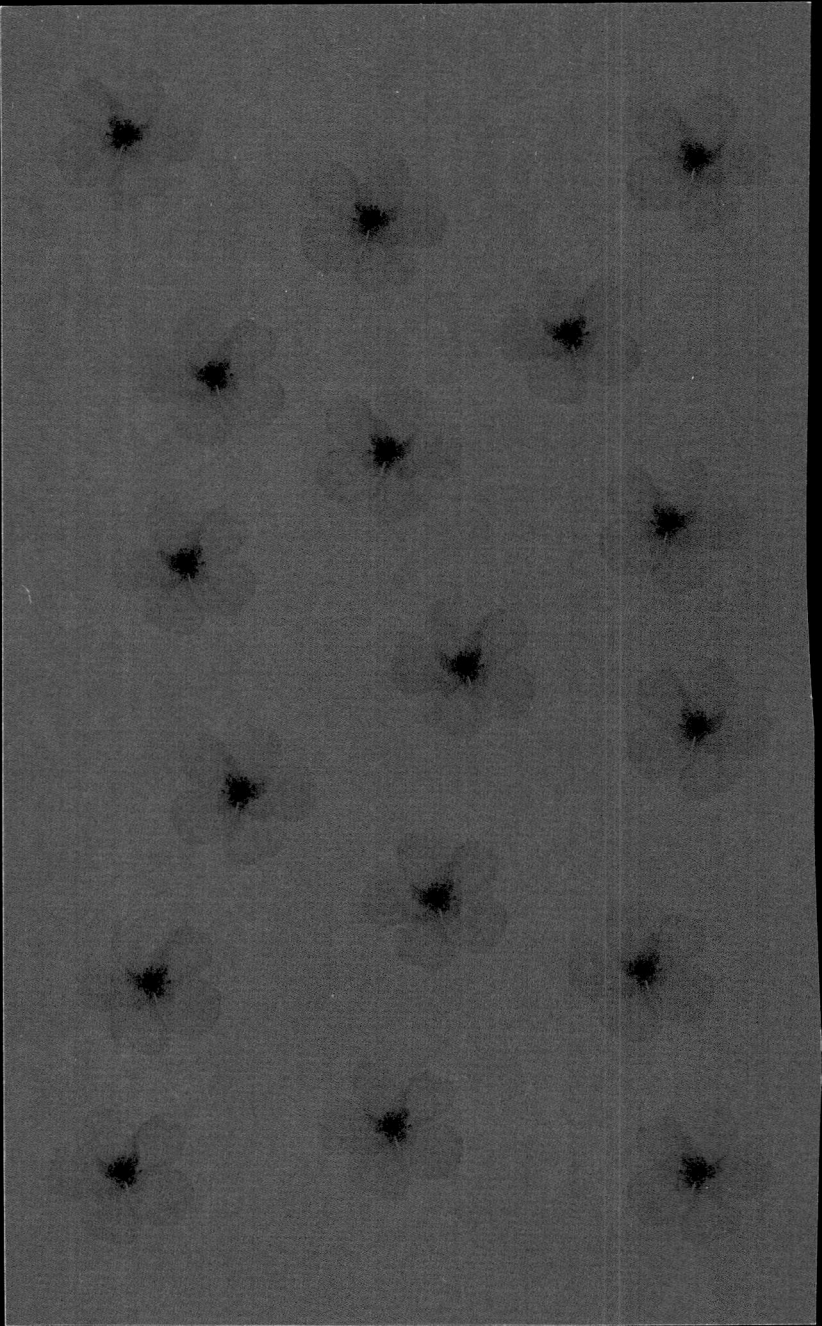

Dichosa tú, que has creído

DANILO ANTONIO MEDINA

Dichosa tú, que has creído

Meditaciones marianas a la luz de la Biblia

SAN PABLO

© SAN PABLO 2024
 Protasio Gómez, 11-15. 28027 Madrid
 Tel. 917 425 113
 E-mail: secretaria.edit@sanpablo.es - www.sanpablo.es
© Danilo Antonio Medina Leguizamón 2022
© SAN PABLO Colombia, Bogotá 2022

Distribución: SAN PABLO. División Comercial
Resina, 1. 28021 Madrid
Tel. 917 987 375
E-mail: ventas@sanpablo.es
ISBN: 978-84-285-7140-1
Depósito legal: M. 11.444- 2024
Impreso en Artes Gráficas Gar.Vi. 28970 Humanes (Madrid)
Printed in Spain. Impreso en España

I
María en la misión de Cristo y de la Iglesia

Premisas

En nuestra Iglesia católica, todo lo que digamos de la importancia y grandeza de María Santísima necesariamente nos conduce a Jesucristo. Y decir esto no significa degradar ni menospreciar la figura de la Virgen María: ¡todo lo contrario! Ella misma así lo sugiere y recomienda desde que, durante el primer signo revelador de la gloria de su Hijo, dejó como consigna su imperativo: «Haced lo que él os diga» (Jn 2).

Hablar del rol que desempeñó María en la misión de su divino Hijo y de la Iglesia nos impone la necesidad de plantear, primero, su lugar y su función en el contexto más amplio de toda la historia de la salvación. De hecho, tanto la vida y misión de María, como el misterio de Cristo mismo y de su Iglesia de allí en adelante, se encuadran en el marco del proyecto de salvación que Dios tiene y ha revelado a favor de la humanidad entera.

Como lo hacen Marcos y Mateo, también Lucas organiza todo su material según un plan bien pensado y estructurado, que podemos llamar *plan lucano,* en el cual debemos necesariamente considerar de igual modo el libro de los Hechos de los apóstoles, que es en realidad una continuación del evangelio. Teniendo en cuenta las dos obras, encontramos en el plan lucano una interesante «macrovisión» de la historia de la salvación, dividida en tres partes:

I.   El tiempo de Israel, o tiempo de las promesas: para Lucas, este tiempo se remite a «Adán» (cf Lc 3,38) y concluye con la predicación del Bautista (cf Lc 3,1-17).

II. El tiempo de Jesús, o tiempo de la salvación: Jesús aparece en el centro de la historia, para darle sentido salvífico. El misterio de la Encarnación manifiesta el cumplimiento de las promesas (cf Lc 2,29-32), Jesús inicia solemnemente su ministerio público (cf Lc 4,16-30) y sella su misión con el misterio pascual y su Ascensión (cf Lc 24,50-51).

III. El tiempo de la Iglesia, o tiempo del testimonio: después de la Ascensión, la misión de Jesús se prolonga en el empeño de la Iglesia por extender el reino de Dios y el anuncio salvífico a todos los pueblos, bajo la acción del Espíritu Santo (cf He 2,1ss y 28,23-31).

Siguiendo este panorama de la historia de la salvación, podemos preguntarnos por la presencia y representatividad de María en esos tres «tiempos» o etapas.

María en el tiempo de Israel

El tiempo de Israel, que corresponde al Antiguo Testamento, es un tiempo de promesa, de anuncio, de preparación y de esperanza. Obviamente la figura de María en este tiempo no es evidente, pero en ella, y gracias a su *sí* generoso (su *fiat)*, la promesa llega a su cumplimiento; los anuncios de salvación que hizo Dios a través de sus mensajeros, especialmente con los profetas, en su seno virginal se realizan. En ella la esperanza mesiánica llega a su plenitud, y desde allí se proyecta a un futuro escatológico más allá del tiempo y de la historia.

En este tiempo del Antiguo Testamento encontramos algunos episodios y personajes que, de alguna manera, prefiguran a María y su rol en la historia de la salvación. El primer episodio que anticipa y preanuncia a María es el así llamado *protoevangelio,* en el contexto de los relatos de la prehistoria o interpretación religiosa de los orígenes, de los capítulos 1-11 del libro del Génesis.

Concretamente, dentro del relato del peca-do original, en la intervención pedagógica de Dios, en Gén 3,15, el Señor le dice a la serpiente tentadora: «Pongo enemistad en-tre ti y la mujer, entre tu linaje y el suyo; él te aplastará la cabeza mientras tú pretendas herir su calcañar». Estas palabras anticipan el misterio redentor de Jesucristo; él es el descendiente del linaje de la mujer, el hijo de María que viene a acabar con el poder del mal en el mundo.

Después, en la época de los patriarcas, varias de las «matriarcas» del pueblo elegi-do son también figura anticipada de María. Especialmente aquellas mujeres, como Sara, que, a pesar de su esterilidad (equivalente a la virginidad de María), permiten que Dios actúe generando la vida y garantizando la formación del pueblo de la Alianza (cf Gén 17,15-16). De Rebeca, la esposa de Isaac, también se dice que «era muy bella y virgen; ningún varón la había tocado» (Gén 24,16).

De la época del Éxodo, sobresale la figura de María (o Miriam), hermana de Moisés, que prefigura a la madre de Jesús, no solo por su nombre, sino porque de ella se dice que era *profetisa,* y que participó en las manifestaciones festivas y de celebración por la victoria de Dios en la gesta liberadora (cf Éx 15,20-21), como doce siglos después lo hará María Santísima con su Cántico (cf Lc 1,46-55), en el cual exalta la obra portentosa de Dios a favor de la humanidad entera.

En el tiempo de los Jueces nos encontramos con Débora, que además de juez y líder del pueblo, es llamada *profetisa* (cf Jue 4,1-10 y en el cap. 5, reporta el Cántico de Débora), y sobre todo con la madre de Sansón, quien también se encuentra entre las mujeres estériles pero piadosas que obtienen el favor del Señor y milagrosamente conciben y dan a luz hijos que luego marcarán la historia de la salvación (cf Jue 13,1-7).

En este mismo sentido, Ana, la madre de Samuel, con su cántico (cf 1Sam 2,1-10) anticipa también a María e inspira el contenido de su Cántico de alabanza al Dios que privilegia a los humildes y a los pobres, mientras que rechaza la soberbia y la prepotencia de los poderosos. En el pequeño bloque de literatura «narrativa» del Antiguo Testamento (llamada también *novela bíblica)*, nos encontramos con tres figuras femeninas que desde diversas perspectivas podrían igualmente ser consideradas anticipación y preparación para la llegada protagónica de María en la historia de la salvación:

- Ruth, situada en el período de transición entre la época de los Jueces y la monarquía. Una extranjera, moabita, que entrará precisamente en la genealogía del Mesías, al casarse con Booz y dar a luz a Obed, que será padre de Jesé, el padre a su vez del gran rey David (cf Mt 1,5-6).
- Encontramos también a Judit, aquella heroína que será instrumento de Dios para derrotar a los poderosos asirios, ganándose el favor de Holofernes para luego darle muerte y liberar así a su pueblo.

- Y la otra novela bíblica tiene como personaje central a la reina Ester, supuestamente en la época del rey persa Asuero (=Artajerjes), cuya intervención fue decisiva para la liberación del pueblo judío que se encontraba exiliado.

En los textos sagrados de los profetas bíblicos no hay muchas referencias que pudieran ilustrar este esfuerzo por encontrar en el Antiguo Testamento prefiguraciones de María; sin embargo, un texto elocuente, entre los anuncios mesiánicos, lo encontramos en Isaías (7,10-16), donde Dios mismo toma la iniciativa de enviar un signo al rey de Israel, y ese signo se concreta en que «la virgen encinta da a luz un hijo, a quien ella pondrá el nombre de Emmanuel». En María se cumple esta profecía de Isaías; ella es la virgen que da a luz al Mesías, nuestro Salvador.

Y otro detalle elocuente que podríamos tomar en cuenta se refiere a la orden que Dios da al profeta Jeremías de no casarse ni tener hijos; es decir, contrariando la mentalidad judía del momento, el Señor pide a Jeremías guardar celibato como un signo profético para su pueblo. Este «celibato profético» podríamos considerarlo como un anticipo de la «virginidad profética» de María Santísima, que permite la llegada del signo por excelencia de Dios para su pueblo, en su Hijo divino (cf Jer 16,1). Resulta igualmente curioso y significativo que este mismo profeta Jeremías se refiera a Israel, pueblo elegido, llamándolo «la virgen de Israel» (cf Jer 18,13; 31,4).

En la literatura sapiencial de la Biblia sobresalen dos mujeres que podrían representar prefiguraciones de María Santísima: la mujer que personifica a la sabiduría espiritual, en el libro de los Proverbios (9,1-6), descrita allí como una dama digna, dueña de sí misma y de su destino; que edificó su casa, preparó un banquete e invitó a los insensatos a entrar a participar de su banquete y nutrirse del alimento que les ofrecía para adquirir la verdadera sabiduría en su casa. Esta noble señora se contrapone a la señora que representa la necedad (9,13-18) que es mentecata e ignorante y que busca transeúntes para invitarlos a su casa y desviarlos del camino correcto, llevándolos a la perdición. Y a la mujer hacendosa, cuyas virtudes canta el poema conclusivo del mismo libro de los Proverbios (31,10-31). En dicho poema el autor sagrado exalta el perfil de la mujer ideal según la mentalidad judía: laboriosa, emprendedora, creativa, solidaria y generosa con los pobres, llena de fortaleza y de gracia, prudente y bondadosa, virtuosa y, sobre todo, temerosa de Dios.

María en el tiempo y misión de Cristo

El tiempo y la misión de Cristo en la historia de la salvación se inaugura con la presencia de María, quien, junto con Juan el Bautista, representa de modo particular el puente entre el Antiguo y el Nuevo Testamento. En el seno virginal de María la antigua alianza encuentra su cumplimiento y plenitud; ella, con aquel «hágase en mí según tu Palabra», abre paso a quien viene a ser el Dios-con-nosotros, el que sellará con su vida y con su sangre la nueva, definitiva y eterna alianza entre Dios y la humanidad. Por eso, María encinta es el signo más grande de esperanza, pues representa la fidelidad de Dios que cumple todas sus promesas de salvación.

Indagando en los textos sagrados del Nuevo Testamento nos encontramos con preciosos pasajes que dan testimonio de la «humilde grandeza» de la figura de María en el misterio de Cristo y de nuestra salvación. Siguiendo el orden canónico de los textos, aparecen los siguientes:

En el evangelio de Mateo

Dadas las características propias de este evangelista, que escribe para un público de origen y mentalidad judíos, nos presenta a María, sobre todo en los relatos de la infancia de Jesús, pero reserva el protagonismo para José, como figura patriarcal. Mateo menciona a María en la genealogía con la que se inicia el relato evangélico, identificándola como la esposa de José, «de la cual nació Jesús que es el Mesías» (1,16).

Después refiere la concepción virginal de Jesús y su nacimiento (1,18-25), donde es significativa la presencia de María, quien se quedó encinta «por virtud del Espíritu Santo», pero en lugar de ser ella la que recibe el anuncio del ángel (como lo veremos en Lucas), es José, quien en un sueño recibe la noticia de que «el hijo que ha concebido» su prometida esposa «viene del Espíritu Santo», y él será el encargado de asignarle como nombre Jesús, «porque será él el Salvador de su pueblo», y por eso se le da la orden de no repudiarla, sino más bien de recibirla en su casa, pues se están cumpliendo los anuncios de los profetas, especialmente de Isaías cuando anunció que la virgen concebiría y daría a luz al Emmanuel (cf Is 7,14). A la conclusión de este relato, Mateo afirma algo que es muy importante para salvaguardar la integridad de María y la acción poderosa de Dios en ella: «Sin haber tenido relaciones, María dio a luz un hijo, al que él puso por nombre Jesús» (1,25).

El capítulo segundo de Mateo se abre con la narración de la adoración de los magos venidos de Oriente. Allí la referencia a María es apenas casual: «Entraron en la casa y vieron al niño con María, su madre» (2,11). Los relatos de la infancia en Mateo concluyen con el episodio de la huida a Egipto y la matanza de los inocentes, donde la mención de María es indirecta, bajo el título de *la madre del niño*. El ángel del Señor ordena a José tomar al niño y a su madre y huir a Egipto para salvarles la vida de la persecución de Herodes (cf 2,13), y él obedece. Después, tras la muerte del malvado rey, recibirá una nueva orden, para que tome al niño y a su madre y regresen a la tierra de Israel (cf 2,20). De aquí en adelante en Mateo, prácticamente desaparece María de la escena, excepto cuando en el capítulo 13 (v. 55) se constatará el rechazo que le tenían a Jesús en Nazaret, precisamente porque pensaban que lo conocían y sabían de dónde venía; allí lo identifican como hijo de María: «¿No es María su madre...?».

En el evangelio de Marcos

Marcos inicia su relato evangélico directamente con la predicación de Juan el Bautista, por eso, al carecer de relatos de la infancia, prácticamente no menciona a María, excepto en dos episodios: el primero en 3,31-35, donde se refiere a ella solo como *la madre* que llega con otros parientes a preguntar por Jesús, entonces lo avisan de que están fuera buscándolo, y él, en tono aparentemente despectivo, afirma que su madre y sus hermanos son sus discípulos, aquellos que lo escuchan y que hacen la voluntad de Dios. Lo que parece un desaire, en realidad, se convierte en uno de los más bonitos elogios y reconocimientos de Jesús hacia su madre: más importante que su maternidad biológica es el hecho de ser una auténtica discípula, pues nadie mejor que ella supo escuchar la palabra del Señor, hasta permitir que se encarnara en su seno, e hizo la voluntad de Dios cumpliendo a cabalidad cuanto Él le proponía para participar en su diseño salvífico.

El otro relato es el del rechazo de Jesús en su pueblo de crianza, Nazaret, ya mencionado en Mateo, donde se le desprecia reconociéndolo como «el carpintero, el hijo de María» (6,3).

En la obra lucana

Los dos tomos de la obra de Lucas (evangelio y Hechos de los apóstoles) contienen los más abundantes y significativos textos neotestamentarios donde María es presentada como un personaje central en la vida y actividad mesiánica de su Hijo Jesús, y en los primeros pasos en la fe de la Iglesia naciente. No podemos ser exhaustivos en el comentario de cada una de las menciones y referencias que hay de María en Lucas, pero sí podemos evidenciar su protagonismo, en aras de consolidar la fe de los creyentes, según la finalidad catequética expresamente mencionada por Lucas en el prólogo de su evangelio (cf Lc 1,4).

El evangelio de Lucas pone en escena a María muy tempranamente, desde los relatos de la Anunciación, la Encarnación, el nacimiento y la infancia de Jesús. Los capítulos 1-2 abundan en menciones explícitas al papel fundamental que ella desempeña en el misterio de la Encarnación del Hijo de Dios. Seguir las huellas de María, tal como nos la presenta Lucas, se convierte en un verdadero itinerario de fe y de discipulado cristiano.

Ella, invocada como *llena de gracia,* acoge con generosidad y plena libertad la propuesta que Dios, a través del arcángel Gabriel, le hace para participar activamente en la realización del diseño salvífico; permite que, en su seno y por la acción poderosa del Espíritu Santo, tome carne humana el Hijo del Padre eterno, definiéndose a sí misma como «la esclava del Señor», dispuesta a permitir que se cumpliera la palabra de Dios en ella (cf Lc 1,26-38).

Luego, deseosa de servir, va a visitar a su prima Isabel, llevando ya en su seno al Cristo de Dios, causa de aquella inmensa alegría que invade del Espíritu Santo a quien percibe su presencia. En ese contexto es reconocida y saludada como la mujer «bendita entre todas las mujeres», «la madre del Señor», lo cual es un claro fundamento bíblico de la maternidad divina de María, es decir, que es Madre de Dios Hijo, la elegida para entregar al mundo al Salvador, el bendito por excelencia (cf Lc 1,39-45). Su Cántico de alabanza proclama la grandeza y la misericordia de un Dios que se fijó en su humilde esclava para demostrar cómo el Señor privilegia a los humildes y sencillos, mientras que no soporta la prepotencia de los ricos y poderosos; por cuanto está aconteciendo en ella y a través de ella, todas las generaciones la llamarán *Bienaventurada* (cf Lc 1,46-56).

Después, Lucas nos lleva al ambiente de pobreza y sencillez de un pesebre, donde acontecerá el nacimiento de su Hijo primogénito, que tanto los ángeles del cielo como los humildes pastores vienen a adorar como el Salvador, el Mesías, el Señor que ha nacido para dar sentido y esperanza a la historia humana (cf Lc 2,1-21); su Natividad hace realidad el programa de vida cantado por los ángeles: «Gloria a Dios en el cielo y paz en la tierra a los hombres que Él ama» (2,14). Este acontecimiento hace brotar la alabanza y la glorificación de Dios por parte de la humanidad entera representada allí por los pastores. En esta circunstancia se advierte una actitud de María que señala un desafío permanente para la vida de los creyentes de todos los tiempos: «María, por su parte, guardaba todas estas cosas, meditándolas en su corazón» (2,19).

A continuación, los relatos de la infancia en Lucas narran el episodio de la Presentación del niño Jesús en el Templo de Jerusalén, en cumplimiento de la Ley judía que así lo prescribía (cf 2,22-40; Éx 13,2; Núm 18,15); las intervenciones de los piadosos ancianos Simeón y Ana, en esa circunstancia, por una parte son un reconocimiento de la identidad mesiánica y divina de aquel niño, pero por otra parte representan, para María, un doloroso anuncio del sufrimiento que tendrá que afrontar cuando vea a su Hijo soportando el rechazo, las afrentas, la injusta condena a muerte y la más humillante de todas las muertes, aquella de la crucifixión; todo este drama del misterio pascual será la espada de dolor que atravesará efectivamente el corazón maternal de María (cf 2,35).

Cerrando el ciclo de los relatos de la infancia, Lucas nos narra la pérdida y hallazgo del niño Jesús en Jerusalén, a la edad de doce años (cf 2,41-52). Se trata de un momento particularmente significativo, pues aparece el jovencito Jesús como un excelente discípulo: *sentado, escuchando* y *haciendo pregun-*

tas muy inteligentes a los doctores de la Ley. La dureza de la respuesta de Jesús a María, cuando ella le recrimina que les haya causado tal preocupación: «¿Por qué me buscabais? ¿No sabéis que yo debo ocuparme en los asuntos de mi Padre?» (2,49), parece equilibrarse con la afirmación que a renglón seguido ofrece el evangelista: «Jesús fue con ellos a Nazaret, y les estaba sumiso» (2,51a). Aunque María en este momento todavía no comprendía bien qué significaba todo esto (cf 2,50), es muy elocuente su actitud, ya expresada anteriormente por Lucas: «Su madre guardaba todas estas cosas en su corazón» (2,51b).

Después de estos episodios, prácticamente desaparece de la escena María, y solo se menciona de manera indirecta como la *madre de Jesús,* cuando viene con algunos parientes a buscarlo; en el momento en que avisaron a Jesús, él aprovechó la oportunidad para precisar: «Mi madre y mis hermanos son los que escuchan la palabra de Dios y la cumplen» (Lc 8,21), que, como ya lo hemos dicho, puede ser interpretado muy positivamente como un verdadero elogio a María como perfecta discípula de su divino Hijo. Después tendremos que volver a Lucas, pero ya en su segundo tomo, los Hechos de los apóstoles, donde reaparecerá María con un rol de particular significación, ya en tiempos de la Iglesia naciente.

En el evangelio de Juan

Si bien los textos del evangelio de Juan relacionados con María son más bien escasos, la importancia que tienen es bastante notoria. Destacamos los dos episodios joáneos donde aparece María, ni siquiera mencionada con nombre propio, sino como *su madre,* pero eso sí desempeñando funciones protagónicas: en las Bodas de Caná (cap. 2) y junto a la cruz de Jesús, en el relato de su Pasión y crucifixión (Jn 19,25-27).

En las Bodas de Caná el evangelista aclara que la primera invitada a la fiesta era «la madre de Jesús», y luego sí agrega que «invitaron también a la boda a Jesús y a sus discípulos». Y este dato que el evangelista nos da no es secundario, pues efectivamente, gracias a la sensibilidad femenina y maternal de María, aquella familia obtuvo la gracia de la conversión del agua en vino. Jesús ni se había dado cuenta de la dificultad por la que atravesaba aquella familia. Fue María la que se dio cuenta e intervino. Y aunque la primera respuesta de Jesús puede sonar bastante displicente en relación con su madre: «¿A ti y a mí qué, mujer? Todavía no ha llegado mi hora» (2,4), se evidencia allí la fe de María y su solicitud maternal, así como su confianza plena en el poder y la misericordia de su Hijo, como de hecho queda demostrado con su invitación a los sirvientes: «Haced lo que él os diga» (2,5).

La intercesión de María provoca que su Hijo, e Hijo de Dios, adelante su hora mesiánica, empezando a realizar los signos que manifestarán su gloria y provocarán la fe de discípulos (cf 2,11). A la conclusión de esta narración, Juan nos dice que después de esto, Jesús fue con su madre, sus hermanos y sus discípulos a Cafarnaún (cf 2,12).

En los relatos de la Pasión volvemos a encontrar a María, esta vez para recibir de Jesús, a los pies de la cruz, al discípulo amado como hijo, y para ser confiada por él a los cuidados filiales de aquel mismo discípulo: «Y desde aquel momento el discípulo se la llevó con él» (19,27), afirma claramente el evangelista. Con toda razón, este episodio ha sido interpretado en la Iglesia como fundamento bíblico de la maternidad espiritual de María respecto de todos los creyentes; en efecto, en aquel discípulo a quien Jesús tanto amaba, estamos representados todos los discípulos y discípulas de su amado Hijo. Junto a la cruz, el Señor nos confió como madre a su propia madre; desde entonces, ella es madre de la Iglesia: ella nos acogió como hijos, y nosotros la recibimos como madre.

María en el tiempo y misión de la Iglesia

Si bien la Iglesia estaba ya presente en los primeros discípulos y apóstoles llamados por Jesús a estar con él y ser enviados a predicar (cf Mc 3,13-19); la completa y plena fundación de la Iglesia acontece con la irrupción del Espíritu Santo en Pentecostés, cuando los primeros creyentes reciben «la fuerza» de lo alto, que los impulsa y envía a llevar el Evangelio del Resucitado hasta los confines últimos de la tierra (cf He 1,8).

En los Hechos de los apóstoles

Aunque ya nos hemos referido a la obra de Lucas, que tiene como segundo tomo el libro de los Hechos de los apóstoles, nuestra atención se había centrado más en su relato evangélico. Ahora nos fijamos en la presencia de María en los tiempos de la Iglesia naciente, según el testimonio que nos ofrece el mismo Lucas en los Hechos de los apóstoles. En este libro, la única pero muy importante referencia a María, incluso llamada por nombre propio, la encontramos en uno de los denominados *sumarios* (cf He 1,12-14), donde se relata la comunión de los apóstoles y discípulos de Jesús en torno a la oración, después de su Resurrección y Ascensión gloriosa; allí están ellos en Jerusalén en el lugar donde por entonces se alojaban habitualmente, acompañados por varias mujeres, entre ellas, especialmente «María, la madre de Jesús» (1,14).

Este ambiente de oración prepara y favorece la llegada del Espíritu Santo, relatada pocos versículos después. La referencia según la cual «al llegar el día de Pentecostés, estaban todos juntos en el mismo lugar» (2,1) nos permite entender que allí también estaba María, participando de la vida de la naciente comunidad cristiana, que ahora recibe la fuerza del Espíritu Santo que la constituye en Iglesia misionera del mundo.

Como acontece en el ámbito de nuestras familias, donde la madre ejerce una función de liderazgo espiritual, de animación y de vínculo de unidad entre sus hijos, así sucede en la Iglesia en la circunstancia fundante de Pentecostés: María ejerce su maternidad espiritual, acompañando y animando en la fe a los discípulos reunidos, primero en la oración, aguardando el don del Espíritu, y luego, ya animados por esa fuerza, en su salida en misión a llevar el Evangelio del Señor Resucitado, «comenzando por Jerusalén, toda Judea, Samaria, y hasta los confines del mundo» (1,8).

En las cartas paulinas

Debemos recordar que el apóstol Pablo, cuando empieza a escribir sus cartas, al inicio de la década de los 50 d.C., no tiene la pretensión de recoger detalles biográficos de la vida de Jesús; más bien su intencionalidad es anunciar y profundizar la verdad del Evangelio de Cristo muerto y resucitado por nuestra salvación, y la aplicación de este kerygma a los contextos muy concretos que vivían los cristianos de sus comunidades. Por eso son muy escasas sus referencias a la vida del Jesús histórico, a quien probablemente no conoció personalmente. No nos debe sorprender, entonces, que tampoco tenga en sus escritos referencias a María.

Solo podemos encontrar una referencia indirecta que hace el Apóstol a la madre de Jesús, y es la que aparece en Gál 4,4-5: «Cuando se cumplió el tiempo, Dios envió a su Hijo, nacido de una mujer, nacido bajo la Ley, para que redimiera a los que estaban bajo la Ley, a fin de que recibiéramos la condición de hijos adoptivos». Se trata de una mención muy sobria, pero igualmente elocuente. La inicial referencia a la plenitud de los tiempos ya le da a esta referencia un aire de solemnidad e importancia, pues significa que María forma parte de ese cumplimiento del tiempo por parte de Dios. A través de ella, y gracias a su disponibilidad, el Señor pudo demostrar la fidelidad a sus promesas, enviando a su Hijo para llevar a la historia humana a su plenitud.

El hecho de que ese Hijo de Dios haya nacido de una mujer, enfatiza la verdadera humanidad del Mesías, que, sin dejar de ser Hijo del eterno Padre, nació también como verdadero hombre, precisamente gracias a la participación activa de María en ese diseño salvífico. Además, que Pablo se refiera a María no por su nombre propio, sino como *mujer,* no es de ninguna manera un signo de desprecio, sino más bien la manera de exaltar la participación femenina en la historia de la salvación.

En María están representadas todas las mujeres que a lo largo de los tiempos han entrado e intervenido positivamente en esa dinámica de la acción salvífica de Dios a nuestro favor. Además, en María, considerada como mujer, está representada la humanidad entera, porque en aquella mujer toda la raza humana prestaba su colaboración para que se colmara la esperanza de salvación con el envío del Mesías de Dios, según las promesas divinas que ahora se cumplían con la Encarnación y nacimiento del Salvador, el Hijo de Dios.

Y la conclusión de la cita, al especificar la misión redentora de Cristo, que hace posible que los seres humanos, mediante la fe, lleguemos a ser hijos adoptivos de Dios, nos permite reconocer de nuevo la maternidad divina de María, pues al ser hijos adoptivos en el Hijo unigénito de Dios, se afirma simultáneamente el hecho de que todos somos hermanos, y, por tanto, todos somos hijos adoptivos de Dios, y todos también somos hijos espirituales de la madre del Hijo de Dios, María Santísima.

En el Apocalipsis

El recorrido por las Sagradas Escrituras concluye con el libro del Apocalipsis, que en clave cristiana proyecta la historia humana a un futuro de esperanza y de vida eterna. En el contexto de ese mensaje de consolación y de esperanza que representa este libro, no podemos decir que se mencione explícitamente a la Virgen María. Sin embargo, en el capítulo 12 del Apocalipsis, encontramos una imagen («la mujer y el dragón»), que, aunque puede ser interpretada desde diversas perspectivas, consiente también una interpretación mariana.

En el lenguaje simbólico propio de este género literario, el autor sagrado refiere una gran señal que apareció en el cielo, y que concretamente es una mujer, vestida del sol, con la luna bajo sus pies y una corona de doce estrellas en la cabeza. Estaba encinta, pero padeciendo ya los dolores del parto, pues se encontraba próxima a dar a luz. Las fuerzas del cielo se movilizan a favor de la mujer y de la criatura cuando nace, para que el dragón no les hiciera daño alguno. El dragón es derrotado, pero intenta aún perseguir a la mujer, a la cual se le dan dos alas para volar al desierto y encontrar allí la protección divina[1].

---

[1] La Virgen del Panecillo, en Quito, Ecuador, se representa precisamente como la mujer alada del Apocalipsis.

Es verdad que una posible interpretación ve en el niño que está naciendo a la Iglesia cristiana; y el dragón representaría al Imperio romano que pretendía acabar con los cristianos, persiguiéndolos y dándoles muerte. Sin embargo, si se interpreta esa visión desde el misterio de Cristo, él sería el niño que nace, destinado a «regir todas las naciones con una vara de hierro», que aunque fue injustamente perseguido por las autoridades judías y romanas, finalmente «fue arrebatado hacia Dios y a su trono» (Ap 12,5), y María sería aquella mujer rodeada de gloria, que da a luz al Mesías, y que es protegida por Dios y por los ejércitos celestiales, para evitar que el mal, simbolizado en el dragón, le causara algún daño.

Esta «imagen apocalíptica» de María se correspondería muy bien con el primer anuncio de salvación (protoevangelio, mencionado al comienzo) que nos ofrece el Génesis (3,15), donde se advierte que un descendiente de la mujer acabará de manera definitiva con el poder del mal: «Ella aplastará tu cabeza, mientras tú pretenderás herir su talón». De esta manera, se preanuncia como motivo de esperanza que María estará presente cuando en los tiempos finales o escatológicos, Jesús en su regreso, lleve a feliz término la derrota del poder del mal para siempre.

Deseo concluir este capítulo con unas preciosas e inspiradas palabras de la carta apostólica *motu proprio* del papa Francisco, promulgada el 30 de septiembre del 2019, acerca de la importancia de la palabra de Dios en la vida de la Iglesia, y como fundamento y motivación de su decisión de instituir el Domingo de la palabra de Dios para que se celebre en toda la Iglesia cada tercer domingo del Tiempo Ordinario.

Refiriéndose a María Santísima, el Papa afirma:

En el camino de escucha de la palabra de Dios, nos acompaña la Madre del Señor, reconocida como bienaventurada porque creyó en el cumplimiento de lo que el Señor le había dicho (cf Lc 1,45). La bienaventuranza de María precede a todas las bienaventuranzas pronunciadas por Jesús para los pobres, los afligidos, los mansos, los pacificadores y los perseguidos, porque es la condición necesaria para cualquier otra bienaventuranza. Ningún pobre es bienaventurado porque es pobre; lo será si, como María, cree en el cumplimiento de la palabra de Dios. Lo recuerda un gran discípulo y maestro de la Sagrada Escritura, san Agustín: «Entre la multitud ciertas personas dijeron admiradas: "Feliz el vientre que te llevó"; y él: "Más bien, felices quienes oyen y custodian la palabra de Dios". Esto equivale a decir: también mi madre, a quien han calificado de feliz, es feliz precisamente porque custodia la palabra de Dios; no porque en ella la Palabra se hiciera carne y habitara entre nosotros, sino porque custodia la Palabra misma de Dios mediante la que ha sido hecha y que en ella se hizo carne», *Tratados sobre el evangelio de Juan,* 10,3 (*Aperuit illis* 15).

II

María, sagrario de la vida

En aquellos días, se levantó María y se fue con prontitud a la región montañosa, a una ciudad de Judá; entró en casa de Zacarías y saludó a Isabel. Y sucedió que, en cuanto oyó Isabel el saludo de María, saltó de gozo el niño en su seno, e Isabel quedó llena de Espíritu Santo; y exclamando con gran voz, dijo: «Bendita tú entre las mujeres y bendito el fruto de tu seno; y ¿de dónde a mí que la madre de mi Señor venga a mí? Porque, apenas llegó a mis oídos la voz de tu saludo, saltó de gozo el niño en mi seno. ¡Feliz la que ha creído que se cumplirían las cosas que le fueron dichas de parte del Señor!».

Y dijo María: «Engrandece mi alma al Señor y mi espíritu se alegra en Dios mi salvador porque ha puesto los ojos en la humildad de su esclava, por eso desde ahora todas las generaciones me llamarán bienaventurada, porque ha hecho en mi favor maravillas el Poderoso, Santo es su nombre y su misericordia alcanza de generación en generación a los que le temen. Desplegó la fuerza de su brazo, dispersó a los que son soberbios en su propio corazón. Derribó a los potentados de sus tronos y exaltó a los humildes. A los hambrientos colmó de bienes y despidió a los ricos sin nada. Acogió a Israel, su siervo, acordándose de la misericordia –como había anunciado a nuestros padres– en favor de Abrahán y de su linaje por los siglos».

María permaneció con ella unos tres meses, y se volvió a su casa (Lc 1,39-56).

En el plano puramente antropológico, una mujer, sobre todo cuando está embarazada, ya representa en sí misma un sagrario de la vida. Sin embargo, en el contexto de la tradición judía, esta manera de referirnos a María como sagrario de la vida tiene mucho de revolucionario e inaudito. En efecto, para los judíos el «santuario» estaba absolutamente cerrado para las mujeres. Las realidades sagradas del culto judío solo estaban al alcance de los varones, e incluso, no de todos, sino de los sacerdotes.

Aclarando términos

María

Aunque parezca obvio, es bueno partir de una constatación acerca de la persona a quien nos estamos refiriendo. María no es solo la Santísima Virgen a la que los católicos veneramos con especial amor y devoción, considerándola e invocándola como madre de Dios y madre nuestra. Es la Madre del Mesías Salvador, quien dio su *sí* generoso a la invitación que Dios, a través del ángel Gabriel, le dirigió para acoger en su vientre al «Verbo hecho carne» (Jn 1,14; cf Lc 1,26ss), el Hijo de Dios que asumió la condición humana en sus entrañas virginales.

Sin embargo, María es también y, primeramente, una muchachita humilde, de un modesto pueblo de Nazaret, una sencilla campesina judía, que representaba a tantas personas marginadas que no tenían lugar protagónico en el contexto de la cultura patriarcal de su pueblo judío. «María es la chica del alma grande que se estremecía de alegría (cf Lc 1,47), era la jovencita con los ojos iluminados por el Espíritu Santo que contempla la vida con fe y guardaba todo en su corazón de muchacha (cf Lc 2,19.51). Era la inquieta, la que se pone continuamente en camino...» (*Christus vivit* 46).

La Virgen de Nazaret tuvo una misión única en la historia de la salvación, concibiendo, educando y acompañando a su hijo hasta su sacrificio definitivo. Desde la cruz, Jesucristo confió a sus discípulos, representados por Juan, el don de la maternidad de María, que brota directamente de la hora pascual de Cristo: «Y desde aquel momento el discípulo la recibió como suya» (Jn 19,27).

Perseverando junto a los apóstoles a la espera del Espíritu (cf He 1,13-14), cooperó con el nacimiento de la Iglesia misionera, imprimiéndole un sello mariano que la identifica hondamente... En María, nos encontramos con Cristo, con el Padre y el Espíritu Santo, como asimismo con los hermanos (*Aparecida,* 267).

Sagrario

El término *sagrario* obviamente se refiere a un contenedor de realidades sagradas. Pero se trata de un concepto que de alguna manera encontramos en todas las culturas y creencias, desde las más antiguas. Lugares u objetos que están en contacto con lo sagrado, con la manifestación de lo divino, en cierto modo participan del carácter sagrado de la Divinidad misma. En la tradición bíblica es muy fuerte la creencia de que todo aquello que entra en contacto con Dios, fuente de santidad, se transforma en una

realidad sagrada. Particularmente signifi-
cativas, en este contexto, fueron dos cosas
estrechamente relacionadas: el santuario
(más tarde, Templo) y el arca de la alianza.

Durante los tiempos nómadas del pueblo
elegido, una tienda de campaña denomina-
da *santuario* sirvió como espacio reservado
para el encuentro con Dios, un escenario
privilegiado para el culto. Una vez que el
pueblo de Dios se establece nuevamente
en la «Tierra Prometida», ya en época del
rey Salomón, aunque la iniciativa había sido
de su padre David, el modesto santuario se
transformará en un magnífico Templo, que
representará el centro de la vida espiritual de
Israel (cf 1Re 6). Su sentido original era ser
«Casa del Padre Dios, lugar de oración»,
pero desgraciadamente con el paso de los
siglos llegó a transformarse en «cueva de
bandidos» (cf Jn 2,14-16; Lc 19,45-46).

La manera en que se concibió la construc-
ción arquitectónica y la distribución de los
espacios dentro del Templo están profundamente ligados al concepto de la santidad: el

lugar más reservado se llamaba *santo de los santos,* o *santísimo,* que era donde se encontraba el arca de la alianza, al cual solo una vez al año, en el día de la gran expiación o Yom Kippur podía entrar el sumo sacerdote, únicamente él y nadie más. Luego, más adelante, estaba el lugar santo, donde podían entrar los sacerdotes a ofrecer incienso y presentar las ofrendas, acto seguido estaba el patio del altar para el sacrificio de las víctimas, después el espacio para los varones no sacerdotes, seguido del de las mujeres, y finalmente el patio de los paganos. Desde esta perspectiva, la santidad iba aumentando, desde el lugar de los paganos, hasta el santo de los santos, donde era más directo el contacto con Dios, o al menos con aquel símbolo que lo representaba, que era el arca de la alianza.

Precisamente el «arca de la alianza» es esa otra realidad que sirve de trasfondo a nuestra consideración mariana, pues dicha arca era un verdadero sagrario, en la medida en que contenía, según la creencia judía, las tablas de la Ley, consignadas por Dios a

Moisés en el Sinaí, y en las cuales se representaba el Pacto de mutua entrega entre Dios y su pueblo. La Ley era signo y expresión de la Alianza.

Para nosotros, en un contexto cristiano y católico, el *sagrario* es un recipiente precioso, pues contiene la reserva de la Eucaristía, adorada como presencia viva y real de nuestro Señor Jesucristo.

Vida

En el Antiguo Testamento: Se trata de uno de los temas transversales de toda la Biblia. En efecto, desde las primeras páginas de la Sagrada Escritura nos encontramos con un Dios creador, fuente de la vida, que fue quien «formó al hombre del polvo de la tierra, y le insufló en sus narices un espíritu de vida, y así el hombre llegó a ser un ser viviente» (Gén 2,7). Y de ahí en adelante, la historia de la salvación se nos presenta como la descripción de un Dios que defiende y promueve la vida de sus criaturas. Él no solo crea, sino que también recrea continuamente. Podemos decir que, en general, todos los textos sagrados ponen en evidencia la intervención liberadora de Dios a favor de la vida de sus elegidos. Tanto en el Pentateuco, como en los libros históricos, en los Profetas y en la literatura sapiencial, salvada la diversidad de perspectivas, todos los libros bíblicos nos muestran a Dios como Señor de la vida, «amigo de la vida» (Sab 11,26).

En el Nuevo Testamento: «Vine para que tengáis vida...» (Jn 10,10).

El Dios que nos reveló Jesús, tanto con su predicación como con sus acciones, fue el Dios y Señor de la vida (cf Mc 12,27). Un Dios que no disfruta con la muerte de nadie, pues lo que quiere es que todos los hombres se salven y lleguen al conocimiento de la verdad (cf 1Tim 2,4); «para Él todos viven» (Lc 20,38). Y Jesús fue consciente de haber sido enviado a comunicar esta Buena Noticia y realizarla en sí mismo. Su presencia en el mundo tenía como finalidad comunicar la vida verdadera a la humanidad: «Porque, como el Padre tiene vida en sí mismo, así también le ha dado al Hijo tener vida en sí mismo, y le ha dado poder para juzgar, porque es Hijo del hombre. No os extrañéis de esto: llega la hora en que todos los que estén en los sepulcros oirán su voz y saldrán los que hayan hecho el bien para una resurrección de vida, y los que hayan hecho el mal, para una resurrección de juicio» (Jn 5,26-29).

Los largos discursos que nos presenta el evangelista san Juan recogen permanentes testimonios de la vida nueva traída y ofrecida por Jesús, bajo diversos aspectos complementarios: él es la Palabra de la vida (Jn 1,4); que vino al mundo para que todo el que cree en él no perezca sino para que tenga vida eterna (Jn 3,14-16); él es el único que puede ofrecer del agua viva que calma la sed de trascendencia (Jn 4,10-14; 7,37-39); es el Pan vivo, bajado del cielo, para que todo el que lo reciba tenga vida eterna y sea resucitado por él en el último día (Jn 6,26-59).

Él es la luz verdadera del mundo, para que quien lo siga tenga la luz de la vida (Jn 7,12); quien guarda su Palabra no verá jamás la muerte (Jn 8,51s); él es el Buen Pastor que vino a dar la vida por sus ovejas, para que estas vivan (Jn 10,10-11); él es la resurrección y la vida, quien crea en él, aunque muera, vivirá, y todo el que vive y cree en él no morirá jamás (Jn 11,25-26); es el camino, la verdad y la vida (Jn 14,6); él es la vid verdadera, y solo aquellos sarmientos que se mantengan firmemente unidos a él pueden tener vida y producir fruto (Jn 15,1ss).

Sin embargo, no solo en los discursos encontramos la estrecha relación entre Jesús y la vida, sino también en sus signos o milagros. Todas las curaciones, liberaciones, resucitaciones, eran signos del triunfo de la vida sobre la muerte. Cada gesto y palabra de Jesús están cargados del poder creador, recreador y vivificador de Dios. Y después de una existencia colmada de predicaciones y actitudes al servicio de la vida, Jesús selló con el misterio pascual su más grande compromiso a favor de la vida. Al entregarse a la muerte en cruz, pero sobre todo al resucitar, dio el parte de victoria definitiva de la luz de la vida sobre las tinieblas de la muerte y del pecado que la produce.

María, sagrario de la vida

A la luz de los presupuestos planteados hasta ahora, resulta bastante claro y lógico el hecho de que María Santísima, al acoger en su vientre al Hijo de Dios encarnado, se convierte en el primer sagrario vivo de la presencia real de Jesucristo. En María germina y florece la vida, y no solo la vida natural y biológica de su hijo, sino la Vida sobrenatural y eterna, de quien es Dueño y Señor de la existencia misma. Siendo Jesús la vida verdadera, quien lo acuna en su seno y lo entrega al mundo, es por antonomasia el más precioso santuario de Dios, fuente de vida.

La maternidad de María, tanto en el sentido estricto y real respecto de Jesús, como en la dimensión espiritual respecto de todos los creyentes, es un evidente servicio a la vida. Como madre, ella cuida, defiende y promueve la vida. Así como concibió en sus entrañas al Hijo de Dios, sigue engendrando en la fe para la vida espiritual a todos los discípulos de su amado Hijo.

Y no solo fueron los nueve meses que Jesús permaneció en el vientre de María los que nos permiten venerarla como «tabernáculo» de Cristo-Vida del mundo, sino toda su existencia, pues después de darlo a luz y ofrecerlo como Mesías Salvador a la humanidad entera, ella siguió llevándolo en su corazón y en sus entrañas, ya que, como nos recuerda Lucas, todo lo que acontecía en relación con su divino Hijo era causa de permanente interiorización para ella: «Su madre guardaba todas estas cosas meditándolas en su corazón» (Lc 2,19.51).

Esta actitud de María, «nos enseña el primado de la escucha de la Palabra en la vida del discípulo y misionero. El Magníficat está enteramente tejido por los hilos tomados de la palabra de Dios. Así se revela que en ella la palabra de Dios se encuentra en su casa, de donde sale y entra con naturalidad. Ella habla y piensa con la palabra de Dios; la palabra de Dios se hace su palabra, y su palabra nace de la palabra de Dios. Además, así se revela que sus pensamientos están en sintonía con los pensamientos de Dios, que su querer es un querer junto con Dios. Estando íntimamente penetrada por la palabra de Dios, ella puede llegar a ser madre de la Palabra encarnada» (*Aparecida,* 271).

La preocupación que siempre movió a María a cuidar la vida de su Hijo, la sigue teniendo hoy en la Iglesia por cada uno de nosotros, pues «aquella muchacha hoy es la madre que vela por los hijos, estos hijos que caminamos por la vida muchas veces cansados, necesitados, pero queriendo que la luz de la esperanza no se apague. Eso es lo que queremos: que la luz de la esperanza no se apague» (*Christus vivit* 48).

Con estas hermosas palabras, el mismo papa Francisco se refirió a María en Colombia: «María es el primer resplandor que anuncia el final de la noche y, sobre todo, la cercanía del día. Su nacimiento nos hace intuir la iniciativa amorosa, tierna, compasiva, del amor con que Dios se inclina hasta nosotros y nos llama a una maravillosa alianza con Él, que nada ni nadie podrá romper. María ha sabido ser transparencia de la luz de Dios y ha reflejado los destellos de esa luz en su casa, la que compartió con José y Jesús, y también en su pueblo, su nación y en esa casa común a toda la humanidad que es la creación» *(Homilía en Catama,* 8 de septiembre de 2017).

María no solo ha sido sagrario de la vida, sino también guardiana y defensora de esa vida en sus más diversas expresiones; su poderosa intercesión siempre es a favor de la vida plena y verdadera de quienes acuden a ella como hijos, hermanos de Jesucristo. Al mismo tiempo, es modelo para todos los creyentes en el compromiso de ser promotores y defensores de la vida integral.

«Con los ojos puestos en sus hijos y en sus necesidades, como en Caná de Galilea, María ayuda a mantener vivas las actitudes de atención, de servicio, de entrega y de gratuidad que deben distinguir a los discípulos de su Hijo. Indica, además, cuál es la pedagogía para que los pobres, en cada comunidad cristiana, "se sientan como en su casa". Crea comunión y educa en un estilo de vida compartida y solidaria, en fraternidad, en atención y acogida del otro, especialmente si es pobre o necesitado. En nuestras comunidades, su fuerte presencia ha enriquecido y seguirá enriqueciendo la dimensión materna de la Iglesia y su actitud acogedora, que la convierte en "casa y escuela de la comunión" y en espacio espiritual que prepara para la misión» (*Aparecida,* 272). Y precisamente esa misión de quienes somos discípulos de Jesús consiste en cuidar, proteger y defender la vida, como hizo María, desde su origen en la concepción hasta su natural conclusión en la muerte.

III

María, modelo de fe, esperanza y amor

Cuando decimos que María es modelo de fe, de esperanza y de amor, en realidad estamos afirmando que María es el mejor modelo que tenemos de vida cristiana. En efecto, la santidad propia de nuestra vocación cristiana se concretiza en la vivencia de las virtudes teologales: fe, esperanza y caridad. Precisamente es al apóstol Pablo a quien le debemos haber empezado a hablar de las virtudes teologales (desde sus primeras cartas: cf 1Tes 1,3; 2Tes 1,3-4), como síntesis de vida cristiana. Ellas son como las líneas programáticas de nuestro proyecto de vida cristiana.

María, modelo de fe
(«Dichosa tú, que has creído», Lc 1,45)

La fe es garantía de lo que se espera; la prueba de las realidades que no se ven. Por ella fueron alabados nuestros mayores. Por la fe, sabemos que el universo fue formado por la palabra de Dios, de manera que lo que se ve resultase de lo que no aparece. Por la fe, ofreció Abel a Dios un sacrificio más excelente que Caín, por ella fue declarado justo, con la aprobación que dio Dios a sus ofrendas; y por ella, aun muerto, habla todavía. Por la fe, Henoc fue trasladado, de modo que no vio la muerte y no se le halló, porque le trasladó Dios. Porque antes de contar su traslado, la Escritura da en su favor testimonio de haber agradado a Dios. Ahora bien, sin fe es imposible agradarle, pues el que se acerca a Dios ha de creer que existe y que recompensa a los que le buscan. Por la fe, Noé, advertido por Dios de lo que aún no se veía, con religioso temor construyó un arca para salvar a su familia; por la fe, condenó al mundo y llegó a ser heredero de la justicia según la fe. Por la fe, Abrahán, al ser llamado por Dios, obedeció y salió para el lugar que había de recibir en herencia, y salió sin saber a dónde iba. Por la fe, peregrinó por la Tierra Prometida como en tierra extraña, habitando en tiendas, lo mismo que Isaac y Jacob, coherederos de las mismas promesas. Pues esperaba la ciudad asentada sobre cimientos, cuyo arquitecto y constructor es Dios. Por la fe, también Sara recibió, aun fuera de la edad apropiada, vigor para ser madre, pues tuvo como digno de fe al que se lo prometía. Por lo cual también de uno solo y ya gastado nacieron hijos, numerosos como las estrellas del cielo, incontables como las arenas de las orillas del mar» (Heb 11,1-12).

El autor de la Carta a los hebreos nos da una especie de descripción (más que definición) de la fe, que pone el acento sobre la confianza y que la acerca bastante al sentido de la esperanza; sin embargo, en la exposición que sigue a los versículos arriba recordados, al presentar a los patriarcas y los grandes personajes bíblicos como modelos de fe, deja entrever el valor práctico de la fe. No es ella un simple ejercicio académico de la razón, es una actitud de vida; no se reduce a la aceptación intelectual de una serie de verdades y principios doctrinales religiosos, la fe compromete a la persona integralmente y desencadena procesos dinámicos, que se viven en la práctica de los valores y en el ejercicio de las actitudes coherentes con aquello que se cree.

Desde el primer momento de su actividad pública como Mesías, Jesús exige la fe: «¡Creed en el Evangelio!» (Mc 1,15). Esta fe puede entenderse como una especie de fuerza que invita a la confianza y al abandono en Dios. La fe es entrega total a Dios y aceptación de su voluntad. En este sentido son muchos los ejemplos prácticos de la fe, desde Abrahán, que creyó y obedeció al querer de Dios, hasta María Santísima, que con su *fiat* respondió afirmativamente al proyecto de Dios revelado a través del ángel: «¡Feliz la que ha creído que se cumplirían las cosas que le fueron dichas de parte del Señor!» (Lc 1,45).

Jesús exige que se crea en él como se cree en Dios, con la misma fe: «¿Creéis en Dios? ¡Creed también en mí!» (Jn 14,1); «Si no hago las obras de mi Padre, no me creáis; pero si las hago, aunque a mí no me creáis, creed por las obras, y así vosotros sabréis y conoceréis que el Padre está en mí y yo en el Padre» (Jn 10,37-38). Creer en Jesús es abrirle la puerta y recibirlo, sabiendo que: «A todos los que lo recibieron, les dio poder de llegar a ser hijos de Dios, a los que creen en su nombre» (Jn 1,12; cf 5,43; Ap 3,20).

Creer en Jesús es reconocerlo como el Hijo único de Dios, enviado por el Padre para salvar a la humanidad y ofrecerle vida eterna: «Porque de tal manera amó Dios al mundo que dio al Hijo único, para que todo el que crea en él no perezca, sino que tenga vida eterna. Porque Dios no ha enviado a su Hijo al mundo para condenar al mundo, sino para que el mundo sea salvado por medio de él» (Jn 3,16-17; cf 17,21-25). Creer en Jesús es ir a su encuentro, o mejor aún, dejarse encontrar por él, que siempre viene a buscarnos. «El que venga a mí no tendrá hambre, y el que crea en mí no tendrá nunca sed» (Jn 6,34; cf 6,36.30; 7,37-38).

Pero creer –la fe– es ante todo un don de Dios; lo que podemos hacer como personas humanas es corresponder a ese don, pero nunca ganarlo ni merecerlo, solo acogerlo y hacerlo producir frutos de santidad en nosotros: «Nadie puede venir a mí si el Padre que me ha enviado no lo atrae» (Jn 6,44; cf 6,65). Y quien se acerque a Jesús y crea en él no será rechazado, ni se perderá jamás, pues Jesús mismo le dará vida eterna y lo resucitará en el último día (cf Jn 6,37-40). Por eso la fe, desde la perspectiva humana, debe ser humilde y sencilla, como la confianza del niño que se abandona en los brazos de su padre o de su madre (cf Mt 18,6; Mc 9,42). La fe es confianza ilimitada: «¡No temas!, solamente ¡cree!» (Mc

5,36; Lc 8,50). «¡Todo es posible para el que cree!» (Mc 9,23). La fe debe ser firme y profunda para que pueda desarrollar todas sus virtualidades: «Si tuvieran fe como un grano de mostaza...» (Lc 17,6). La fe es condición para la salvación: «El que crea y se bautice se salvará, el que no crea se condenará» (cf Mc 16,16).

«"La puerta de la fe" (cf He 14,27), que introduce en la vida de comunión con Dios y permite la entrada en su Iglesia, está siempre abierta para nosotros. Se cruza ese umbral cuando la palabra de Dios se anuncia y el corazón se deja plasmar por la gracia que transforma. Atravesar esa puerta supone emprender un camino que dura toda la vida. Este empieza con el Bautismo (cf Rom 6,4), con el que podemos llamar a Dios con el nombre de Padre, y se concluye con el paso de la muerte a la vida eterna, fruto de la Resurrección del Señor Jesús que, con el don del Espíritu Santo, ha querido unir en su misma gloria a cuantos creen en él (cf Jn 17,22). Profesar la fe en la Trinidad –Padre,

Hijo y Espíritu Santo– equivale a creer en un solo Dios que es Amor (cf 1Jn 4,8): el Padre que en la plenitud de los tiempos envió a su Hijo para nuestra salvación; Jesucristo, que en el misterio de su muerte y Resurrección redimió al mundo; el Espíritu Santo, que guía a la Iglesia a través de los siglos en la espera del retorno glorioso del Señor»[1]. Con estas palabras el papa Benedicto XVI iniciaba su carta apostólica *Porta fidei,* del 11 de octubre del año 2011, con la cual convocaba a toda la Iglesia a vivir el año de la fe, que se celebró del 11 de octubre de 2012, en el cincuenta aniversario de la apertura del concilio Vaticano II, el 24 de noviembre de este año 2013.

Ya en esa carta apostólica, Benedicto XVI presentaba a María como modelo de fe, encabezando una especie de lista actualizada de personajes del Nuevo Testamento que vivieron la fe en lo concreto, así como aquellos personajes del Antiguo Testamento que

---

[1] *Porta fidei* 1.

son propuestos como modelo de fe por la Carta a los hebreos en el capítulo 11, con estas palabras: «Por la fe, María acogió la palabra del Ángel y creyó en el anuncio de que sería la Madre de Dios en la obediencia de su entrega (cf Lc 1,38). En la visita a Isabel entonó su canto de alabanza al Omnipotente por las maravillas que hace en quienes se encomiendan a Él (cf Lc 1,46-55). Con gozo y temblor dio a luz a su único hijo, manteniendo intacta su virginidad (cf Lc 2,6-7). Confiada en su esposo José, llevó a Jesús a Egipto para salvarlo de la persecución de Herodes (cf Mt 2,13-15). Con la misma fe siguió al Señor en su predicación y permaneció con él hasta el Calvario (cf Jn 19,25-27). Con fe, María saboreó los frutos de la Resurrección de Jesús y, guardando todos los recuerdos en su corazón (cf Lc 2,19.51), los transmitió a los doce, reunidos con ella en el Cenáculo para recibir el Espíritu Santo (cf He 1,14; 2,1-4)»[2].

---

[2] *Ib,* 13c.

La encíclica del mismo papa Benedicto XVI acerca de la fe, *Lumen fidei,* exalta la figura de María bajo esta perspectiva de la fe, y por eso, en sus últimos números, antes de concluir, el Santo Padre, a modo de conclusión, ofrece una breve reflexión acerca de la figura de María, la «Bienaventurada porque ha creído» (Lc 1,45). En ella «se cumple la larga historia de fe del Antiguo Testamento, que incluye la historia de tantas mujeres fieles, comenzando por Sara, mujeres que, junto a los patriarcas, fueron testigos del cumplimiento de las promesas de Dios y del surgimiento de la vida nueva»[3].

Ella ocupa un lugar privilegiado y realiza una misión singular en la llegada de la plenitud de los tiempos. Con su generosa respuesta a la llamada de Dios, participó en los acontecimientos cruciales de la historia de la salvación que encuentra en su Hijo Jesucristo el centro y sentido verdadero[4]. Se

---

[3] *Lumen fidei* 58.
[4] Cf *ib.*

entiende por qué el Papa concluye su encíclica elevando a nuestra Madre, una oración tan breve como elocuente: «¡Madre, ayuda nuestra fe!».

Como modelo de fe, María es también prototipo de discipulado, en la medida en que el verdadero discípulo, que además es llamado por Jesús *dichoso,* es aquel que acoge la palabra de Dios y la pone en práctica (cf Lc 11,28). «Desde el principio, María aparece marcada por la bienaventuranza de quien escucha la palabra de Dios. La primera bienaventuranza del evangelio, como escribe Lucas, es la que dirige Isabel a María: feliz la que ha creído que se cumplirían las cosas que le fueron dichas de parte del Señor. La felicidad de esta joven, la primera discípula del Evangelio, se expresa en el canto del Magníficat. María, una pobre muchacha de una aldea perdida en la periferia del Imperio, canta su alegría porque el Señor del cielo y de la tierra se ha fijado en ella. No se estima digna de consideración, ni reclama nada para sí misma. Sabe que todo procede de Dios y que su fuerza y grandeza dependen de Él, de ese mismo Dios que ha librado a Israel, ha protegido a los pobres, humillado a los soberbios y colmado de bienes a los hambrientos, se ha fijado en ella y la ha amado. Ella, por su parte, lo ha acogido en su corazón. Y desde aquel día, a través de ella, Dios ha puesto su morada entre los hombres. María no se olvida de cantar la misericordia de Dios que se difunde de generación en generación»[5].

María, modelo de esperanza («Aquí está la esclava del Señor; hágase en mí según tu Palabra», Lc 1,38)

Nosotros, en cambio, debemos dar gracias en todo tiempo a Dios por vosotros, hermanos, amados del Señor, porque Dios os ha escogido desde el principio para la salvación

---

[5] V. Paglia, *Una casa rica en misericordia. El evangelio de Lucas en familia,* San Pablo, Bogotá 2015, 23.

mediante la acción santificadora del Espíritu
y la fe en la verdad. Para esto os ha llamado
por medio de nuestro Evangelio, para que
consigáis la gloria de nuestro Señor Jesucristo. Así pues, hermanos, manteneos firmes y
conservad las tradiciones que habéis apren-
dido de nosotros, de viva voz o por carta.
Que el mismo Señor nuestro Jesucristo y
Dios, nuestro Padre, que nos ha amado y
que nos ha dado gratuitamente una consolación eterna y una esperanza dichosa, con-
suele vuestros corazones y os afiance en toda
obra y palabra buena (2 Tes 2,13-17).

La segunda venida del Señor, o parusía,
es la causa última de nuestra esperanza, pues
ella coincidirá con la resurrección como
plenitud de nuestra vida, y con la participación definitiva en el reino eterno de Dios.
Sin embargo, nuestra perspectiva cristiana
de la esperanza tiene un claro trasfondo en
las promesas de Dios en el Antiguo Testamento. Así como la promesa de la Tierra
fue motivo de esperanza para los judíos del

Antiguo Testamento, para nosotros las promesas de trascendencia e inmortalidad en esa nueva Tierra Prometida –el cielo– son las que sirven de aliciente y motivación de nuestra fe y de nuestra esperanza.

En este sentido, si bien es eminentemente escatológica, la esperanza cristiana no deja de ser también profundamente histórica, pues ella tiende un puente entre el pasado de las promesas, el presente del compromiso con Dios y el futuro de la gloria venidera. De este modo, la esperanza acompaña y anima el camino histórico de la humanidad, infundiéndole un sentido de plenitud. Mientras para el pueblo de Israel en buena parte de su historia, y para muchas culturas antiguas y contemporáneas, la muerte es el final de toda esperanza, para nosotros es la puerta que se abre hacia un futuro ilimitado de felicidad, porque, según san Pablo, al morir «estaremos para siempre con el Señor» (1Tes 4,17).

El Día del Señor, día glorioso y terrible cantado por los profetas bíblicos, se hizo realidad para nosotros en la venida del Mesías. La Encarnación y nacimiento del Hijo de Dios entre nosotros, vino a dar cumplimiento a los anuncios del Día de salvación, pero no agotó su significado, pues desde Cristo, ese Día sigue abierto al futuro, es también el Día de su retorno, cuando venga como juez misericordioso a formularnos la feliz invitación: «Venid, benditos de mi Padre a heredar el Reino preparado para vosotros desde la creación del mundo» (Mt 25,31ss).

La esperanza cristiana es la que da valor y sentido a todas las realidades y actividades humanas de la historia, pues ella infunde en cada momento ese soplo de trascendencia e inmortalidad que nos permite caminar con serenidad, aun en medio de las pruebas y tribulaciones de la vida: «Porque sabemos que la tribulación produce paciencia, de la paciencia sale la fe firme y de la fe firme brota la esperanza. Y la esperanza no quedará defraudada, porque el amor de Dios ha sido derramado en nuestros corazones por el don del Espíritu Santo» (Rom 5,3-5).

A partir de estas certezas de nuestra fe, si ya en la dimensión puramente antropológica, una mujer encinta es símbolo de vida, de espera y de esperanza, cuánto más si esa mujer es la «bendita entre las mujeres» y «llena de gracia»; la mujer elegida para que en ella se cumplan las promesas y se haga carne el Verbo eterno de Dios (cf Jn 1,14). La Virgen María, embarazada del hijo de Dios encarnado, representa las actitudes típicas de la esperanza cristiana.

En efecto, para los cristianos, la esperanza verdadera es necesariamente escatológica. No hay esperanza sin un más allá de eternidad. Por eso mismo, nuestra esperanza está colmada de alegría y felicidad, pues no se sustenta en realidades transitorias de este mundo, sino en los valores eternos del reino de Dios. La esperanza cristiana está estrechamente unida al destino de salvación que nos aguarda más allá de la muerte. Sin embargo, de ninguna manera nos distrae ni nos exime de nuestros compromisos históricos con la realidad presente, pues aquello que se espera disfrutar en plenitud después de esta vida se comienza a vivir ya en esta vida temporal, gracias a la intervención activa y generosa de la Virgen María, que participa en la llegada «del fruto bendito de su vientre» (Lc 1,42).

La primera venida del Hijo de Dios, aquella de la historia que se concretiza en el nacimiento de Jesús de Nazaret, solo se entiende y encuentra sentido en la perspectiva de la segunda venida del Señor o parusía. La Encarnación y el nacimiento de Jesús marcaron un hito en el cumplimiento de las promesas divinas, pero no agotó su sentido; al contrario, lo proyectó aún más en la perspectiva del futuro escatológico, en el cual se alcanzará la plenitud de la salvación.

María de Nazaret, con su *fiat,* cooperó eficazmente en ese proceso que llamamos *historia de la salvación,* que da sentido último a nuestra historia humana. Con su maternal presencia a los pies de la cruz donde yacía su Hijo, enseñó en valor de la fidelidad y la perseverancia en medio del dolor (cf Jn

19,25-27). Y con su presencia al lado de los apóstoles que aguardaban la venida del Espíritu, «la promesa del Padre» (cf Lc 24,49; He 1,8), mostró a la Iglesia cuáles son las implicaciones prácticas de la esperanza cristiana: confianza plena en el cumplimiento de la palabra de Dios, oración constante para que ello ocurra y participación activa en su realización.

En este sentido, el concilio Vaticano II afirma con precisión que «enriquecida desde el primer instante de su concepción con el resplandor de una santidad enteramente singular, la Virgen Nazarena, por orden de Dios, es saludada por el ángel de la Anunciación como llena de gracia (cf Lc 1,28), a la vez que ella responde al mensajero celestial: "He aquí la esclava del Señor, hágase en mí según tu Palabra" (Lc 1,38). Así María, hija de Adán, al aceptar el mensaje divino, se convirtió en Madre de Jesús, y al abrazar de todo corazón y sin entorpecimiento de pecado alguno la voluntad salvífica de Dios, se consagró totalmente como esclava del Señor a la persona y a la obra de su Hijo, sirviendo con diligencia al misterio de la redención con él y bajo él, con la gracia de Dios omnipotente. Con razón, pues, piensan los Santos Padres que María no fue un instrumento puramente pasivo en las manos de Dios, sino que cooperó con la salvación de los hombres con fe y con obediencia libres» (*Lumen gentium* 56).

Gracias al protagónico rol de María en el proyecto salvífico de Dios, los cristianos de todos los tiempos podemos encontrar en ella un modelo y un incentivo para realizar nuestra vocación en este mundo, con la mirada puesta en la meta definitiva del cielo, como afirmaba el beato papa Juan Pablo II, en su carta encíclica *Redemptoris Mater*: «Merced a este vínculo especial, que une a la Madre de Cristo con la Iglesia, se aclara mejor el misterio de aquella "mujer" que, desde los primeros capítulos del libro del Génesis hasta el Apocalipsis, acompaña la revelación del designio salvífico de Dios respecto a la humanidad. Pues María, presente en la Iglesia como Madre del Redentor, participa maternalmente en aquella "dura batalla contra el poder de las tinieblas", que se desarrolla a lo largo de toda la historia humana. Y por esta identificación suya eclesial con la "mujer vestida de sol" (Ap 12,1), se puede afirmar que "la Iglesia en la beatísima Virgen ya llegó a la perfección, por la que se presenta sin mancha ni arruga"; por esto, los cristianos, alzando con fe los ojos hacia María a lo largo de su peregrinación terrena, "aún se esfuerzan en crecer en la santidad". María, la excelsa hija de Sion, ayuda a todos los hijos –donde y como quiera que vivan– a encontrar en Cristo el camino hacia la casa del Padre» (47).

La figura de María como modelo de esperanza cristiana motiva a los creyentes a «creer y esperar contra toda esperanza» (Rom 4,18), al estilo de Abrahán y según lo que aprendemos de la misma Virgen de Nazaret, con la feliz certeza de que Dios cumple siempre sus promesas y realiza su plan divino de la salvación, como ya lo demostró en el misterio de su Hijo encarnado, y como sigue haciéndolo evidente en Aquella que «brilla ante el pueblo de Dios en marcha, como señal de esperanza cierta y de consuelo» (CCE 972). La actitud de María, que «conservaba y meditaba todo en su corazón» (cf Lc 2,19.51), nos invita a «mantener firme la confesión de la esperanza, pues fiel es el autor de la promesa» (Heb 10,23).

El pueblo de Dios no se cansa de invocar y acudir a Nuestra Señora de la Esperanza, porque sabe que a pesar de los signos de muerte, y aunque en la actualidad «la realidad se ha vuelto para el ser humano cada vez más opaca y compleja» (*Aparecida,* 36), más allá de las graves crisis e injusticias sociales que nos agobian, que se expresan dramáticamente en tantos rostros sufrientes (cf *Aparecida,* 65), todavía vale la pena esperar contra toda esperanza en la difusión del reinado de Dios que trae vida y plenitud a cada persona y a cada comunidad humana. Y por eso, los cristianos con nuestros pastores seguimos confiando en que: «Nos ayude la compañía siempre cercana, llena de comprensión y ternura, de María Santísima. Que nos muestre el fruto bendito de su vientre y nos enseñe a responder como ella lo hizo en el misterio de la Anunciación y Encarnación. Que nos enseñe a salir de nosotros mismos en camino de sacrificio, amor y servicio, como lo hizo en la Visitación a su prima Isabel, para que, peregrinos en el camino, cantemos las maravillas que Dios ha hecho en nosotros conforme a su promesa» (*Aparecida,* 553).

María, modelo de caridad («María se dirigió a toda prisa a la montaña», Lc 1,39)

Que vuestra caridad sea sin fingimiento; detestando el mal, adhiriéndose al bien; amándose cordialmente los unos a los otros; estimando en más cada uno a los otros; con un celo sin negligencia; con espíritu fervoroso; sirviendo al Señor; con la alegría de la esperanza; constantes en la tribulación; perseverantes en la oración; compartiendo las necesidades de los santos; practicando la hospitalidad. Bendecid a los que os persiguen, no maldigáis. Alegraos con los que se alegran; llorad con los que lloran. Tened un mismo sentir los unos para con los otros; sin complacerse en la altivez; atraídos más bien por lo humilde; no os complazcáis en vuestra propia sabiduría. Sin devolver a nadie mal por mal; procurando el bien ante todos los hombres: en lo posible, y en cuanto de vosotros dependa, vivid en paz con todos los hombres; no tomando la justicia por cuenta propia, queridos míos, dejad lugar a la cólera, pues dice la Escritura: «Mía es la venganza: yo daré el pago merecido, dice el Señor». Antes, al contrario: si tu enemigo tiene hambre, dale de comer; y si tiene sed, dale de beber; haciéndolo así, amontonarás ascuas sobre su cabeza. No te dejes vencer por el mal; antes bien, vence al mal con el bien (Rom 12,9-21).

«Dios es amor» (1Jn 4,8); así se ha manifestado a lo largo de toda la historia de la salvación, desde la creación, y pasando por la redención en su Hijo, hasta la consumación escatológica final, donde todo será experiencia eterna y plenificante del amor de Dios. «Tanto amó Dios al mundo, que entregó a su Hijo único, para que quien crea en él no muera, sino que tenga vida eterna» (Jn 3,16). Y si los humanos fuimos creados a imagen y semejanza de Dios, significa que para ser felices y realizarnos verdaderamente como personas, necesitamos amar y ser amados. Solo cuando se experimenta el amor de Dios, se puede amar sincera y generosamente a sus criaturas, empezando por nosotros mismos (cf Mc 12,30).

El amor es la esencia misma de la vida: nace de Dios y debe regresar a Él a través de los hermanos. Es imposible amar a Dios si no amamos a los hermanos. El apóstol Juan lo ha expresado con suficiente claridad: «Si alguno dice: "Amo a Dios", pero aborrece a su hermano, es un mentiroso; pues quien no ama a sus hermanos a quien ve no puede amar a Dios, a quien no ve» (1Jn 4,20). Por eso el distintivo mejor y más auténtico de la vida cristiana radica en el amor. Podríamos recordar en este sentido páginas preciosas como aquella con la cual Mateo cierra el ministerio público de Jesús proclamando bienaventurados y salvados a quienes practican la caridad y la misericordia con los hermanos, especialmente con los más pobres (cf Mt 25,31-46).

O también la hermosa parábola del buen samaritano, con la cual Lucas ilustra la enseñanza fundamental de Jesús sobre cuál es la voluntad de Dios (cf Lc 10,25-37). No por casualidad Jesús, con singular nitidez, proclamó el amor como mandamiento supremo y síntesis de toda la Ley (cf Jn 13,34-35; 15,12-13.17). Sin embargo, no deja de ser lícito y conveniente dirigir la reflexión ya sea sobre el amor de Dios, o sobre el amor al prójimo. La razón de ello es que el precepto del amor al prójimo de ninguna manera cancela el precepto máximo de la Ley:

«Amarás al Señor, tu Dios», al contrario, lo presupone y es su fruto maduro, en cuanto que el amor a los hermanos demuestra en lo concreto la veracidad del amor a Dios.

El amor fraterno, como exigencia fundamental del Evangelio cristiano, no brota espontáneamente, es consecuencia necesaria de la caridad divina. Por eso también ella es virtud teologal, porque viene de Dios como un don que espera una respuesta. Dios ama y siempre es fiel a su amor. Más aún, la fidelidad es una de las principales características del amor de Dios. Desafortunadamente, el ser humano no siempre corresponde con la misma lealtad y fidelidad a ese amor que viene de Dios y que se ha experimentado a lo largo de la historia como providencia, misericordia, perdón, liberación, redención y santificación.

En Jesús tenemos nosotros la más palpable demostración del amor de Dios: no solo del amor del Padre hacia su creación, sino también del amor del mismo Hijo de Dios hacia sus hermanos los humanos; por eso puede decirnos con toda seguridad que «nadie tiene amor más grande que el que da la vida por los amigos» (Jn 15,13). En definitiva, afirma san Pablo: «Nos quedan tres cosas: la fe, la esperanza y el amor. Pero la más grande de todas es el amor» (1Cor 13,13), sin la impronta del amor no existe vida cristiana auténtica, ni mucho menos servicio ni amor fraterno eficaz y verdadero.

Precisamente, en cuanto que María supo acoger y dar generosamente al mundo la Palabra encarnada, como causa y garantía de salvación y de vida verdadera, podemos reconocer en ella un modelo de caridad, de amor oblativo, de entrega que no escatima. El papa Francisco, en su *Mensaje para la Cuaresma del 2016,* año jubilar de la misericordia, lo expresaba abiertamente, y nos mostraba a María no solo como ejemplo de misericordia, sino como «icono de una Iglesia que evangeliza porque es evangelizada», y acerca de María no duda en afirmar: «Después de haber acogido la Buena Noticia que le dirige el arcángel Gabriel, María canta proféticamente en el Magníficat la misericordia con la que Dios la ha elegido. La Virgen de Nazaret, prometida con José, se convierte así en el icono perfecto de la Iglesia que evangeliza, porque fue y sigue siendo evangelizada por obra del Espíritu Santo, que hizo fecundo su vientre virginal. En la tradición profética, en su etimología, la misericordia está estrechamente vinculada, precisamente, con las entrañas maternas *(rahamim)* y con una bondad generosa, fiel y compasiva *(hesed)* que se tiene en el seno de las relaciones conyugales y parentales»[6]. Y al concluir el mensaje insiste: «La Virgen María fue la primera que, frente a la grandeza de la misericordia divina que recibió gratuitamente, confesó su propia pequeñez (cf Lc 1,48), reconociéndose como la humilde esclava del Señor (cf Lc 1,38)»[7].

También con ocasión de la Jornada de Oración por las Vocaciones de ese mismo

---

[6] Papa Francisco, *Mensaje para la Cuaresma 2016,* 4 de octubre de 2015.

[7] *Ib.*

año 2016, que coincidía con la Fiesta litúrgica del Buen Pastor en el IV Domingo de Pascua, el papa Francisco volvió a referirse a María en clave de misericordia, recordando que: «Todos los fieles están llamados a tomar conciencia del dinamismo eclesial de la vocación, para que las comunidades de fe lleguen a ser, a ejemplo de la Virgen María, seno materno que acoge el don del Espíritu Santo (cf Lc 1,35-38)»[8].

Y estas referencias del papa Francisco a María Santísima como modelo de misericordia en sus diversos mensajes y catequesis no hacen más que confirmar cuanto ya había expresado acerca de ella en la bula de convocatoria al Jubileo extraordinario de la Misericordia en estos términos:

El pensamiento se dirige ahora a la Madre de la Misericordia. Que la dulzura de su mirada nos acompañe en este Año Santo, para

---

[8] *Mensaje para la Jornada de Oración por las Vocaciones 2016,* 29 de noviembre de 2015.

que todos podamos redescubrir la alegría de la ternura de Dios. Ninguno como María ha conocido la profundidad del misterio de Dios hecho hombre. Todo en su vida fue plasmado por la presencia de la misericordia hecha carne. La Madre del Crucificado Resucitado entró en el santuario de la misericordia divina porque participó íntimamente en el misterio de su amor. Elegida para ser la Madre del Hijo de Dios, María estuvo preparada desde siempre para ser arca de la alianza entre Dios y los hombres. Custodió en su corazón la divina misericordia en perfecta sintonía con su Hijo Jesús. Su Canto de alabanza, en el umbral de la casa de Isabel, estuvo dedicado a la misericordia que se extiende «de generación en generación» (Lc 1,50). También nosotros estábamos presentes en aquellas palabras proféticas de la Virgen María. Esto nos servirá de consolación y de apoyo mientras atravesemos la Puerta Santa para experimentar los frutos de la misericordia divina. Al pie de la cruz, María junto con Juan, el discípulo del amor, es testigo de las palabras de perdón que salen de la boca de Jesús. El perdón supremo ofrecido a quien lo ha crucificado nos muestra hasta dónde puede llegar la misericordia de Dios. María atestigua que la misericordia del Hijo de Dios no conoce límites y alcanza a todos sin excluir ninguno. Dirijamos a ella la antigua y siempre nueva oración del Salve Regina, para que nunca se canse de volver a nosotros sus ojos misericordiosos y nos haga dignos de contemplar el rostro de la misericordia, su Hijo Jesús[9].

Un texto muy elocuente, que ilustra bastante bien la caridad y la solidaridad de María, es el que nos narra el episodio de la visita a su prima Isabel (cf Lc 1,39-45). En Isabel están representados todos los necesitados de ayuda y de solidaridad, y María acude presurosa a ofrecer su generoso servicio:

---

[9] *Misericordiae vultus* 24.

Al enterarse por el ángel de que Isabel está encinta, corre de inmediato a visitarla. Va de prisa, dice Lucas. El evangelio siempre mete prisa, empuja a abandonar las costumbres, preocupaciones y pensamientos propios. Y ¡cuántos pensamientos tenía María en aquellos momentos, después de que la palabra de Dios alterara completamente su vida! El Evangelio nos hace superarnos y nos impulsa a dejar nuestras casas y salir de nuestras preocupaciones para ir al encuentro de quien sufre o nos necesita, como la anciana Isabel, que está afrontando una maternidad difícil. Podríamos decir que una joven muchacha sale al encuentro de una anciana señora. Es un ejemplo que deberíamos imitar muchos jóvenes. Isabel, apenas ve que la joven María se acerca a su casa, se alegra profundamente en sus entrañas... Es la alegría de los débiles y de los pobres cuando son ayudados por los «siervos» del Señor, es decir, por aquellos que han creído en el cumplimiento de las palabras del Señor. La palabra de Dios crea una alianza inusitada, la alianza entre los discípulos del Evangelio y los pobres, entre los jóvenes y los ancianos[10].

Si quisiéramos recurrir a otro texto elocuente donde se muestra la solidaridad de María y sus entrañas misericordiosas, podríamos también referirnos a Jn 2,1-11. En este episodio de las Bodas de Caná, es evidente que María sabía ponerse en el lugar de la otra persona, sentía las necesidades y sufrimientos ajenos como propios. Gracias a esa sensibilidad caritativa de María aquella familia de Caná pudo superar un momento de gran preocupación y angustia; pero más que ese hecho puntual, allí se muestra la bondad del corazón de María, siempre cercana a quien sufre o pasa necesidades y dificultades.

Su intercesión ante su Hijo, a favor de los atribulados, sigue obteniendo la más generosa respuesta de Jesús, que, así como adelantó su «hora» en las Bodas de Caná, si-

---

[10] PAGLIA, *o.c.*, 22.

gue mostrando su misericordia hacia todos aquellos que sufren, ante la maternal intercesión de María. Y de paso, allí nos dejó la más grande, profunda y sencilla lección que constituye el verdadero discipulado cristiano: «Haced lo que él os diga».

IV
María, icono de la Pascua

La imagen de María Santísima, en la sensibilidad del pueblo católico, con frecuencia se vincula más al misterio de la Encarnación y nacimiento del Hijo de Dios, que a cualquier otro de los demás momentos de la vida de Jesús; tal vez por el atractivo de los así llamados *relatos de la infancia,* donde se describe amenamente y con muy coloridos detalles la Natividad del Señor Jesús. Sin embargo, María está profundamente unida al entero misterio de Cristo, a lo largo de toda su vida, y muy especialmente en las cruciales circunstancias de su Pasión, muerte y Resurrección.

Es verdad que de la Encarnación y nacimiento contamos con el precioso testimonio del evangelista Lucas, y algunos relatos de Mateo; mientras que la presencia de la Madre de Jesús en su misterio pascual no está tan atestiguada por los evangelistas, pero sí contamos con relatos de Juan que exaltan el protagonismo de María Santísima en esas horas decisivas de la Pasión (cf Jn 19,25-27) y los testimonios de Lucas en los Hechos de los apóstoles, donde María aparece compartiendo con los apóstoles y demás discípulos, las especiales circunstancias, inmediatamente posteriores a la Resurrección del Señor, con la llegada del Espíritu Santo y la expansión misionera de los primeros tiempos de la Iglesia (cf He 1,12-14; 2,1-4).

En todo caso, independientemente del respaldo mayor o menor que tenga en los textos bíblicos la presencia de María en las circunstancias de la última semana de la vida de Jesús y su posterior Resurrección gloriosa, la figura de la Madre del Señor es inseparable del misterio pascual y de su profundo significado salvífico. En ella están representados los valores y actitudes de la vida nueva cristiana que brota de la Pascua. El triunfo de la vida sobre la muerte, que constituye la Buena Noticia, aconteció anticipadamente en María, como prefiguración de aquella realidad que sería plena en la Resurrección de su Hijo.

De hecho, desde cuando se le anunció que había sido elegida para ser madre del Mesías prometido, fue llamada, por parte del ángel Gabriel, la *llena de gracia,* la mujer que contaba permanentemente con la presencia de Dios: «El Señor está contigo»; de ahí que no debiera tener miedo, pues había hallado el favor de Dios. Y una vez que acepta la misión, como humilde esclava del Señor, quedó cubierta por el poder del Altísimo, llena del Espíritu Santo, para que su Hijo fuera efectivamente el Hijo de Dios, quien consolidaría el reinado eterno y la soberanía del Señor en el mundo (cf Lc 1,26-38).

Aquella exuberante y fecunda presencia de Dios en María era en ella la victoria anticipada del bien y de la vida, sobre el pecado y la muerte. Ya entonces, la «llena de gracia» era motivo de inmensa alegría, simbolizada entonces en el gozo que experimentan Isabel y su hijo, cuando reciben las palabras de su saludo (cf Lc 1,41-44). Precisamente, gracias a la activa participación de la Madre de Jesús, llegaba a su cumplimiento el primer anuncio de salvación que resonó en el mundo, cuando en los relatos bíblicos de la creación se le advierte a la serpiente que un descendiente del linaje de la mujer aplastaría su cabeza (cf Gén 3,15). El hijo de María e Hijo de Dios viene al mundo para acabar con el poder del mal e inaugurar la plenitud de los tiempos, como tiempos de vida y de salvación. Su muerte y su Resurrección señalan esa plenitud y el cumplimiento pleno y definitivo de los anuncios antiguos.

En el contexto del plan divino de la salvación, la Resurrección de Jesús viene estrechamente unida al don del Espíritu Santo, que constituye a los discípulos en una Iglesia misionera del Evangelio, que debe llegar hasta los confines del mundo (cf

He 1,8; 2,1-13; Jn 20,19-23). También en este aspecto, la presencia del Espíritu Santo había sido protagónica en la vocación y misión de María Santísima (cf Lc 1,35); no por casualidad, la Iglesia se ha referido a María en una síntesis de sabor trinitario como «la hija de Dios Padre, madre del Dios Hijo y esposa del Espíritu Santo», en cuanto que fue el poder del Espíritu Santo el que fecundó las entrañas virginales de María, para que concibiera y diera a luz al Mesías e Hijo de Dios. Y estuvo presente junto a todos los discípulos que en Pentecostés recibieron «la fuerza de lo alto» que el mismo Jesús había prometido: el Espíritu Santo que abriría caminos nuevos al Evangelio, a través del empeño misionero de la Iglesia (cf He 1,1ss).

Y, justamente por la obligada referencia al Espíritu Santo, la Pascua cristiana trae consigo también el tema de la misión en la Iglesia. La feliz noticia de la Resurrección debe extenderse por el mundo entero: «Comenzando por Jerusalén, toda Judea y Samaria, y hasta los confines de la tierra» (He 1,8). Esa es la tarea y compromiso de la comunidad cristiana y de cada creyente. Y en ese sentido, María no solo acompañó y animó con su presencia a los apóstoles para que emprendieran con entusiasmo la misión, sino que ella misma durante su vida anticipó el cumplimiento de dicha misión, pues desde el momento mismo en que quedó grávida del Hijo de Dios, lo llevó e irradió su presencia por todas partes, siendo motivo de alegría. Y, dado que ella siempre guardaba y meditaba en su corazón todo lo que acontecía en referencia a su Hijo (cf Lc 2,19.51), podía estar al servicio del proyecto salvífico que él venía a llevar a su plenitud.

Un episodio elocuente en cuanto al sentido profundo de la misión evangelizadora, a la luz de María, lo encontramos en el evangelio de Juan, a propósito de las Bodas de Caná (Jn 2,1-11). En el propósito teológico del cuarto evangelio, esa circunstancia es muy especial porque marcó el comienzo de los signos reveladores de la gloria de Jesús; es decir, la inauguración solemne del ministerio público de Jesús en la perspectiva joánica. En ese momento decisivo la actitud de la María es muy significativa e inspiradora. Gracias a su intercesión, Jesús anticipó su «hora» mesiánica; y con sus palabras, cuando pide a los sirvientes de la casa que «hagan lo que Jesús les diga», está señalando aquello que constituye la misión de la Iglesia de todos los tiempos: orientar a todos hacia Jesús, para que aprendan su Evangelio y hagan lo que él enseña como propuesta de vida y camino de salvación.

De esta manera, las actitudes y palabras de la virgen María, a lo largo de toda la vida de Jesús y de su naciente comunidad de discípulos, se convierten en paradigma de vida pascual. Los creyentes de todos los tiempos fijamos nuestra mirada en ella, para aprender a vivir la alegría y el compromiso de la Pascua. Su modo de ser y de actuar, en estrecha relación y referencia a su divino Hijo, encarna anticipadamente la santidad y vida nueva que brotan del misterio pascual.

En ella se muestra, mejor que en cualquier otro creyente, cuáles son los frutos del triunfo de la vida sobre la muerte; de la soberanía del poder restaurador y transformador de Dios, de la acción del Espíritu Santo que fecunda la Iglesia y la envía como misionera a llevar el Evangelio del Resucitado a todos los rincones de la tierra. Ella nos enseña a resucitar con Cristo para «buscar los bienes de arriba, donde Cristo está sentado a la derecha del Padre», nos motiva a «pensar en las cosas de arriba, no en las de la tierra», dado que también nosotros hemos muerto al pecado, y nuestra vida «está escondida con Cristo en Dios» (cf Col 3,1-3).

V

La Visitación de María a Isabel

Maternidad que sale a prisa
al encuentro de la vida

En aquellos días, se levantó María y se fue
con prontitud a la región montañosa, a una
ciudad de Judá; entró en casa de Zacarías
y saludó a Isabel. Y sucedió que, en cuanto
oyó Isabel el saludo de María, saltó de gozo
el niño en su seno, e Isabel quedó llena de
Espíritu Santo; y exclamando con gran voz,
dijo: «Bendita tú entre las mujeres y bendito el fruto de tu seno; y ¿de dónde a mí que
la madre de mi Señor venga a mí? Porque,
apenas llegó a mis oídos la voz de tu saludo,
saltó de gozo el niño en mi seno. ¡Feliz la que
ha creído que se cumplirían las cosas que le

fueron dichas de parte del Señor!». María permaneció con ella unos tres meses, y se volvió a su casa (Lc 1,39-45.56).

Explicación

Si bien la figura de María Santísima es muy significativa en la obra de Lucas, debemos reconocer con sorpresa y desconcierto, que en general los evangelios son muy sobrios al referirse a la Madre de Jesús, e incluso llega a parecer displicente la manera en que la presentan en algunos momentos de la vida de Jesús (cf Mc 3,20-21.31-35). Esta aparente «hostilidad» de los autores sagrados hacia la figura de María podría ser interpretada de muchas maneras, también positivamente como signo y evidencia de su humanidad y humildad, como manifestación de la necesidad que también ella tuvo de ser primero discípula, es decir, de incluirse en la escuela de su Hijo, y hacer el camino de la fe, para llegar a ser maestra y modelo de vida cristiana.

Ubicándonos en Lucas, el protagonismo de María es evidente, como ya hemos tenido oportunidad de poner en evidencia en las anteriores reflexiones. Especialmente los relatos de la infancia nos presentan a María como una mujer siempre en camino (camino físico y camino espiritual). En los preliminares del evangelio se nos narran los dos anuncios: el del nacimiento del Bautista, el precursor, y el del Mesías Salvador, que precisamente pone en escena a María como la destinataria y depositaria privilegiada del «Evangelio», es decir, del feliz anuncio del cumplimiento de las promesas de Dios con la Encarnación y nacimiento del Redentor.

No habían pasado más que unos pocos días después del anuncio, cuando de inmediato y a toda prisa, María se pone en camino. Esa actitud, ciertamente es fruto de la fe («Dichosa tú que has creído»); pero también es fruto de la caridad, de la solidaridad de quien se desinstala de las propias comodidades y sale al encuentro de las necesidades y sufrimientos ajenos, para llevar una palabra de esperanza, una presencia que renueva la alegría («tan pronto como tu saludo sonó en mis oídos, el niño saltó de alegría en mi seno»). De este modo, en María, «que se hizo obediente a la Palabra, Dios visita a su pueblo y su pueblo lo reconoce. Este acontecimiento es el término de su plan, el fin de su fatiga (cf 19,44; 13,34), cumplimiento de la historia de la salvación (cf Rom 11,25-36): el encuentro entre Israel y la Iglesia, entre el pueblo de Dios y su Mesías»[1].

Pero este acontecimiento de la Visitación no solo nos permite echar una mirada al pasado, para descubrir cómo los anuncios y promesas que Dios hizo a lo largo de la historia, a través de sus profetas y mensajeros, efectivamente, han llegado ahora, en el presente, a su cumplimiento, sino que nos remite también al futuro, pues anticipa la

---

[1] S. FAUSTI, *Una Comunidad lee el evangelio de Lucas,* San Pablo, Bogotá 2007, 35.

alegría escatológica, aquella del anhelado encuentro definitivo al final de los tiempos, el encuentro entre el esposo (Cristo) y su esposa (la Iglesia)[2].

María sí sale al encuentro de la vida, pero llevando en su seno la Vida con mayúscula, es decir, al autor y la fuente misma de la Vida, que es su Hijo e Hijo de Dios. El encuentro de los dos Testamentos (el Nuevo en Jesús y el Antiguo en Juan) es al mismo tiempo el encuentro de dos «vidas»; la vida temporal e histórica del ser humano, que es iluminada, consagrada y santificada por la Vida verdadera y eterna que reside en Cristo el Señor.

Por eso, el compromiso de nuestra fe, inspirado en el modelo de María no es solo salir al encuentro de la vida, y las vidas de tantos hermanos necesitados de servicio, de una palabra de aliento; se trata de salir llevando con nosotros a Cristo mismo que es la Vida. Salir llenos de Vida sobrenatural, para poder

---

[2] Cf *ib*, 36.

comunicarla como don y gracia a los hermanos y hermanas que más la necesitan.

En Isabel están representadas los millones de personas carentes de atención, de cuidado, de servicio pastoral; y en María, en cambio, nos sentimos representados nosotros: pastores de la Iglesia, consagradas y consagrados, laicos comprometidos, que somos conscientes de nuestra misión, que nos sentimos deudores de todos los pueblos, especialmente de los marginados y excluidos, de los pobres y necesitados.

Nuestras actitudes y mensajes, es decir, nuestro testimonio profético, será eficaz y logrará devolver alegría y esperanza a las personas, solo si va permeado de Cristo, vida del mundo. Si nuestras palabras son solo teoría o ideología, serán más bien escasos, por no decir nulos, nuestros resultados. Si, en cambio, anunciamos y trasmitimos la vida de Jesús, entonces serán generosos los frutos, pues el mismo Buen Pastor dijo que había venido para que tuviéramos vida, y vida en abundancia (cf Jn 10,10).

Repasemos el texto más detenidamente[3]:

v. 39: El evangelista nos cuenta que María «se levantó» y se fue «con prontitud» a la región montañosa de Judea a visitar a Isabel. Su interés seguramente era el deseo de servir (mientras que, a Zacarías, por no creer, no se le da señal alguna, sino que quedó mudo; a María, por haber creído, se le dio una señal, en el reconocimiento de Isabel). «Subir a la montaña» como María es subir a comunicar el don recibido de Dios. El parentesco de María e Isabel, de alguna manera, nos remite también a la profunda comunión que se está dando entre Dios y la humanidad; entre el Nuevo y el Antiguo Testamento.

v. 40: María saluda a Isabel; y en hebreo saludar significaba desear la paz *(shalom)*. En realidad, María hace algo más importante que augurar la paz, lo que hace es llevar esa

---

[3] Para este apartado, cf *ib*, 36-39.

paz a la casa de Zacarías; comunica el don de Dios, que es Dios mismo. La promesa llega a su cumplimiento: Juan representa la promesa y Jesús es el cumplimiento; en María se encarna la fidelidad de Dios que trae salud, paz y bendición al mundo.

v. 41: Las entrañas de Isabel se estremecen de gozo ante las palabras de María. Al fin y al cabo, ella lleva ya en su seno a quien es la palabra misma de Dios; y es una Palabra poderosa y eficaz, como espada de doble filo que penetra hasta lo más profundo de las entrañas. En Isabel, esa Palabra que lleva y que pronuncia María (que es Cristo, el Evangelio del Padre) produce una alegría incontenible que mueve y dinamiza, que no deja indiferente. Las entrañas de Isabel exultan de gozo y la hace pronunciar un reconocimiento, que es profesión de fe al mismo tiempo.

v. 42: «Bendita tú entre las mujeres y bendito el fruto de tu vientre». Esa proclamación es la respuesta que provoca el saludo de María en su prima. Su alegría no se queda escondida ni encerrada en su corazón, inunda todo su ser y brota por la boca en forma de aclamación: es una doble bendición, primero dirigida a María, prototipo de la humanidad nueva, de la mujer vencedora del mal, como había sido anunciada en Gén 3,15 (protoevangelio). Eva por su desobediencia había traído consigo la ruina; María, en cambio, por su obediencia y su fe, trajo consigo la Vida verdadera al mundo. Pero también se bendice al Hijo, el fruto de su vientre, porque es él el descendiente de la mujer que aplastará finalmente la cabeza del enemigo. En este Hijo llega la más grande bendición que devuelve la vida plena que se había perdido y arruinado con el pecado. Se restaura la vida y la esperanza en este bendito fruto del vientre de María.

v. 43: Este versículo expresa la sorpresa razonable de Isabel, ante semejante magnitud del misterio que se está revelando. ¡La madre del Señor ha ido a su encuentro! Ella se reconoce indigna de semejante regalo; como de hecho la humanidad entera tiene que reconocerlo, que jamás alcanzaríamos a tener los méritos suficientes para que en María el Señor se manifestara como el Dios-con-nosotros, y viniera a visitarnos; saliera al encuentro de nuestra miseria para devolvernos vida y esperanza. La experiencia del amor de Dios lleva siempre a actitudes de humildad y alegría como las que demuestra Isabel. Por eso, la gracia de Dios es fuente de la verdadera vida cristiana (humildad, alegría y amor).

v. 44: Según el saludo de María llegó a los oídos de Isabel, y ya daba saltos de alegría la criatura que estaba en su vientre. No solo Isabel supo reconocer la visita del Señor y de su bendita Madre; también el niño, Juan, supo reconocer esa visita, esa presencia especial, y la confesó con su salto de alegría. Y aquí se esconde una de las más grandes y hermosas verdades de nuestra fe: ¡que

Dios nos visita siempre! El problema es que nosotros no siempre reconocemos su presencia, no siempre nos dejamos invadir del gozo de su visita. El Precursor, aun antes de nacer, ya reconocía al Dios-con-nosotros, y a su modo, lo manifestó y confesó como causa de alegría.

v. 45: «Feliz la que ha creído». Ya el motivo del gozo y la alegría ha aparecido varias veces en el episodio. Una vez más florece bajo forma de bienaventuranza. Y cómo no relacionar esta bienaventuranza con aquellas clásicas de Mateo o Lucas en los sermones programáticos de Jesús; esta bienaventuranza está en estrecha relación con la fe y la confianza en la fidelidad de Dios, y también con la Palabra que había recibido de parte de Dios como cumplimiento de la promesa. Otra vez aquí se unen el anuncio con la realización; el Antiguo con el Nuevo Testamento.

Cuando alguien había querido exaltar la maternidad biológica de María, Jesús mismo hizo trascender el discurso al plano espiritual del discipulado: «Dichosos los que acogen la palabra de Dios y la cumplen» (Lc 11,28); es la misma razón por la cual Isabel aquí está llamando a María *Bienaventurada,* porque nadie mejor que ella acogió en su vientre esa palabra eterna de Dios, la encarnó, la vivió y la comunicó al mundo. María es, por tanto, modelo del verdadero discipulado.

v. 56: Después de prestar su servicio y atender con premura a Isabel, María regresa a su casa; pero al regresar si bien vuelve llevando a su Hijo, de alguna manera también lo dejó en el corazón de Isabel y su familia. Multiplicó la presencia de Jesús, como lo hará él mismo unos años más tarde, cuando multiplique los panes y sacie el hambre de las multitudes necesitadas. María a donde va lleva la vida de Jesús: distribuye ese Pan espiritual que da vida al mundo.

Conclusión

El icono de la Visitación puede ser considerado una hermosa ilustración de cómo se vive ese programa de vida de todo creyente. Como María: se acoge la Palabra, se lleva a la vida, se encarna en el corazón, para poder asumir el compromiso de una cierta maternidad espiritual de la Iglesia que somos todos los bautizados; y de hecho el concepto mismo de maternidad está profundamente unido a la generación y cuidado de la vida, pero una vida que es Cristo mismo, y que por lo tanto no se puede quedar guardado en la piedad personal; se debe comunicar e irradiar en aquel «nuevo impulso misionero» que nos saca de nosotros mismos y nuestros intereses y proyectos; nos permite superar la autorreferencialidad, para ir al encuentro de todos, en especial de quienes sufren y más necesitan de cuidados. ¡Eso es lo que hace María!

La sociedad actual propone a la mujer ideales de éxito profesional, de belleza corporal, de reivindicaciones y derechos, que, aun siendo muy buenos y justos, fácilmente pueden caer en peligrosos extremismos donde no cabe la maternidad, pues muchas veces se ve la maternidad como amenaza para lograr el éxito, o como un obstáculo para la estética y la figura, o como una propuesta que iría en contravía de las reivindicaciones que se buscan.

Por eso asumir como proyecto de vida la maternidad se transforma en una verdadera profecía (anuncio y denuncia); máxime si esa maternidad es entendida como maternidad espiritual, lo cual implica cuidado de la otra persona, defensa de la vida de los excluidos y marginados. En lugar de pensar con egoísmo en los propios intereses, gustos y proyectos, la maternidad espiritual invita a poner los ojos y el corazón en los más pobres, en los que sufren o son despreciados, y esto no parece ser buena idea en una sociedad materialista, superficial y consumista como aquella que nos rodea y que muchas veces nos manipula.

Ayuda para la reflexión

1. La Anunciación-Visitación puede ser asumida como «representación de una vida consagrada discípula misionera, que sale aprisa al encuentro de la vida, para construir en la casa común una cultura del encuentro entorno a Jesús, porque la alegría del Evangelio llena el corazón y la vida entera de los que se encuentran con Él» (cf *Evangelii gaudium*)[4]. ¿Qué aporte estoy dando a la creación de una cultura del encuentro, ante todo en mi propia familia o comunidad local, pero en proyección eclesial y misionera?

2. «El icono de la Visitación, enmarcado entre los iconos de las anunciaciones y nacimientos de Juan y de Jesús, nos ayuda a ver a Dios aconteciendo en la realidad concreta. En este escenario encontramos

---

[4] «*Salgamos aprisa al encuentro de la vida*». *Horizonte Inspirador de la Vida Consagrada en América Latina y El Caribe (2015-2018)*, CLAR, Bogotá 2016, 11.

dos parejas que creen y esperan en las promesas hechas por el Señor a su pueblo y a sus familias. Ellos viven la cotidianidad del trabajo y del amor; de la espera, la oración y la búsqueda. Isabel y Zacarías–María y José, se convierten para la vida consagrada en modelos de quienes saben confiar, esperar y actuar»[5]. ¿Hasta qué punto creo y espero en las promesas del Señor? ¿Cómo puedo ser signo y testimonio de la fidelidad de Dios a sus promesas a favor de la vida del mundo?

3. «En la Visitación, podemos tomar conciencia de quiénes somos ante Dios y ante la gente que nos rodea. Una vida consagrada servidora de Dios, que intenta cumplir su misión, atenta y abierta al querer de Dios, que solo desea la salvación de la humanidad entera»[6]. ¿En mis actividades y tareas diarias, realmente demuestro ser consciente de estar al servi-

---

[5] *Ib* 12.
[6] *Ib.*

cio del pueblo de Dios, o busco intereses personales mezquinos?

4. El encuentro de las dos mujeres embarazadas es obra del poder del Espíritu. Con un término que hoy se usa mucho, podríamos decir que aquel encuentro es fruto del empoderamiento del Espíritu de dos mujeres que en su encuentro «ponen en el mundo al Mesías». Son dos vientres que la potencia del Espíritu ha hecho grávidos: están en estrecha relación la profecía veterotestamentaria, de la cual el hijo de Isabel representa su cumplimiento, y la profecía de la nueva era mesiánica, que se hará carne en María. Más aún, Isabel pronuncia la primera confesión de fe cristológico-mesiánica de todo el evangelio de Lucas. El poder del Espíritu y el carácter profético de la vocación a la maternidad pastoral, ¿de qué manera los entiendo, los vivo y los demuestro en mi vida cotidiana?

5. La tarea de generar y cuidar la vida, ¿qué implicaciones prácticas tiene en mi tes-

timonio personal de vida y en el desem-
peño de mi compromiso cristiano? ¿De
qué manera puedo infundir un «nuevo
impulso misionero» a mi vida cristiana y
mi servicio en la sociedad y en la Iglesia?

6. ¿Qué puedo aprender de las actitudes
de Isabel? ¿Qué me enseña María en su
salida presurosa al encuentro de Isabel?
¿Cómo aplicar esas enseñanzas?

María, modelo de misericordia

«El Señor se acordó de
su misericordia», Lc 1,54

Si bien es cierto que los textos sagrados no nos hablan específicamente de la misericordia de María, también es cierto que en varios episodios contenidos en los evangelios (en incluso en Hechos de los apóstoles) aparece más que evidente la actitud misericordiosa de María. Sin embargo, antes de considerar este rasgo típico de María, conviene reivindicar la importancia que en general dan los textos sagrados a María en la historia de la salvación, y su lugar privilegiado y prominente en la Iglesia, desde sus orígenes, como hemos tenido ocasión de comentarlo en las anteriores meditaciones. De hecho:

En el Nuevo Testamento son sobre todo dos los textos que constituyen un sólido fundamento para la espiritualidad mariana: la escena de la Anunciación al principio (cf Lc 1,26-38) y la escena de María al pie de la cruz (cf Jn 19,26s). Esta última escena remite, en el evangelio de Juan, al relato de las Bodas de Caná, que figura al comienzo de la actividad pública de Jesús (cf Jn 2,1-12). De este modo, las escenas mariológicamente relevantes enmarcan, por así decir, el conjunto de los evangelios y otorgan a María, ya en una consideración meramente externa, un lugar destacado en la historia de la salvación. Con ello, las escasas líneas que sobre María se encuentran en la Sagrada Escritura evidencian que a la madre de Jesús le corresponde una posición importante y un significado singular en la historia de Dios con los seres humanos[1].

---

[1] W. KASPER, *La misericordia. Clave del Evangelio y de la vida cristiana,* Sal Terrae, Maliaño 2015², 203-204.

En este contexto podríamos repasar todos los textos que hacen referencia a María o donde ella interviene con un claro protagonismo, y encontraríamos que ciertamente la misericordia en su más profunda significación y contenido bíblico *(entrañas maternales, corazón,* etc.) es el motor de sus actitudes y comportamientos. Desde el momento mismo de la Anunciación, María dio muestras de solidaridad con la humanidad entera, al aceptar la misión de ser Madre del Mesías, lo cual, dadas las circunstancias de ese tiempo, más que un privilegio o motivo de ventajas personales, le traía consigo no pocas dificultades y amenazas, aun el riesgo de morir apedreada, según la Ley judía.

Luego, durante la vida oculta de Jesús niño y adolescente, María cuidó con solicitud de su divino Hijo, formándolo en los valores humanos que más tarde serían tan importantes en la misión para la cual él había sido enviado por el Padre Dios. Y en el momento supremo de la entrega, a los pies de la cruz, demostró la máxima solidaridad y fidelidad, acompañando a su Hijo en el drama de su muerte. Y esa misma solidaridad y misericordia, las demostró luego con la Iglesia naciente, acompañando a los apóstoles y demás discípulos, cuando, después de la Ascensión de Jesús regresaron a Jerusalén y al llegar al lugar donde se alojaban: «Todos hacían constantemente oración en compañía de algunas mujeres y de María, la madre de Jesús, y sus hermanos», según el testimonio de Lucas (He 1,14).

Desde esta perspectiva, y teniendo presente que la plenitud de la vida cristiana, es decir la santidad, equivale a ser misericordiosos como lo es el Padre Dios (cf Lc 6,36), y que para ir alcanzando este objetivo tenemos en las virtudes teologales el camino más seguro, recordemos cuanto ya hemos considerado acerca de María como mujer de fe, de esperanza y de caridad, que por lo mismo puede ser considerada modelo de santidad cristiana y, por ende, madre y modelo de misericordia, como la Iglesia siempre la ha considerado.

De hecho, ella misma es quien, en su Cántico de alabanza al Señor (Magníficat), tras confesarse esclava y reconocerse dichosa, exalta al Todopoderoso, cuyo nombre es santo, y recuerda que «su misericordia va de generación en generación para todos sus fieles» (Lc 1,50), pero que especialmente mostró su benevolencia con los pobres y los humildes, colmando de bienes a los hambrientos: «Acordándose de su misericordia, como había prometido a nuestros padres, a favor de Abrahán y su descendencia para siempre» (Lc 1,54).

Índice